KB205362

날마다 새로운 구원

(원제 : 구원은 구원받는 것 이상이다)
Salvation is More than Being Saved

잭 하일스 저
박 희 원역

글로벌침례교출판사

역자 서문

"선생들아, 내가 어떻게 하여야 구원을 얻으리이까?"(사도행전 16:30)

"선한 선생님이여, 내가 무엇을 하여야 영생을 얻으리이까?"(마가복음 10:17)

이러한 질문은 성경에서 그리고 우리의 목회 현장에서 볼 수 있는 많은 질문들 중에서 가장 중요한 질문입니다. 이것은 진리를 찾는 자들의 갈구이며 죄와 악이 가득 찬 생활에서 두려움과 절망 속에서 소망을 찾는 자들의 부르짖음입니다. 어두움을 헤매는 자들이 빛을 찾아 방황하며 외치는 절규이기도 합니다.

구원, 그것은 우리 죄인된 인류의 절실한 필요이며 의로우신 하나님이 친히 하시지 않으면 안 될 크고 놀라운 사역입니다. 그것은 하나님이신 예수께서 사람이 되어오신 이유이며 십자가에서 고난을 당하셔야 했던 원인입니다. 주님은 말씀하셨습니다.

"인자의 온 것은 잃어버린 자를 찾아 구원하려 함이니라."(누가복음 19:10)

"누구든지 주의 이름을 부르는 자는 구원을 얻으리라."(로마서 10:13)

"주 예수를 믿으라. 그리하면 너와 네 집이 구원을 얻으리라."(사도행

전 16:31)

“하나님이 세상을 이처럼 사랑하사 독생자를 주셨으니 이는 저를 믿는 자마다 멸망치 않고 영생을 얻게 하려 하심이니라.”(요한복음 3:16)

이 외에도 우리는 성경이 우리의 구원을 위하여 기록된 책인 것을 수많은 구절을 통해 확인할 수 있습니다. 그럼에도 불구하고 왜 많은 그리스도인들이라고 하는 사람들이 자신들이 구원받은 사실을 알지 못하고 있으며 구원을 받았다고 확신하는 것이 불가능한 것처럼 생각할까요? 그리고 왜 많은 사람들이 구원이 아닌 것을 구원으로 생각하고 있으며 의지할 수 없는 것을 의지하려 합니까? 고린도후서 4:3-4이 그 해답을 보여줍니다.

“만일 우리 복음(구원의 진리)이 가리웠으면 망하는 자들에게 가리운 것이라. 그 중에 이 세상 신이 믿지 아니하는 자들의 마음을 혼미케 하여 그리스도의 영광의 복음의 광채가 비취지 못하게 함이니 그리스도는 하나님의 형상이니라.”

1990년에 미국의 워싱턴주에서 한 작은 한인 교회를 섬기면서 이 책을 번역하여 두란노 출판사를 통해 “날마다 새로운 구원”이라는 책명으로 출판하였지만 절판된지 오래되어 글로벌침례교출판사를 통해 다시 출판합니다. 창세 이전부터 우리를 사랑하셔서 죄인들을 구원하시려는 하나님의 계획이 밝히 증거되고, 구원받은 성도들이 그리스도 우리 주 예수님 안에서 우리가 은혜로 받은 신분과 권세를 깨닫고. 우리 주 예수 그리스도 앞에서 드러날 온전한 구원의 영광을 소망하시게 되기를 사모합니다.

감사합니다.

2024년 2월
대평성서침례교회
(세종시 금남면 용포2길 43)
박 희 원 목사

잭 하일스 박사에 대하여

잭 하일스 목사(Dr. Jack Hyles, 1926-2001)는 미국 인디애나주 해몬드시의 제일침례교회(First Baptist Church of Hammond, Indiana, USA)의 담임 목사(1959-2001)였고 미국의 근본주의 독립침례교회(Independent Fundamental Baptist Church)의 지도자로 미국과 세계 여러 나라의 근본주의 독립침례교회들과 목회자들에게 성경적 근본주의 신앙과 사역을 위해 지대한 영향을 미쳤다.

하일스 목사는 제일침례교회의 담임 목사로 섬기면서 강력한 구령 프로그램과 버스 사역을 통해 제일침례교회가 미국에서 회원 수가 가장 많은 교회/주일학교(The Largest Sunday School of America)로 성장하게 하였으며 그의 연례 "목회자 학교"(Pastors' School)를 통해 매년 수많은 목회자들에게 근본주의 신앙을 고수하고 전파하게 하려고 격려와 도전을 끼쳤다. 하일스 목사는 또한 부흥 설교자로서 수십년 동안 거의 매주 월요일과 화요일에 미국과 여러 나라의 교회들로부터 초청을 받아 집회를 인도하고 수요일에 해몬드로 돌아와 제일침례교회에서 사역하였다.

하일스 목사는 유치원에서 신학대학(Hyles Anderson College)에 이르기까지 2개의 독립된 학교로 구성된 하일스-앤더슨 학원(Hyles-Anderson Schools)을 설립하였는데 특히 하일스 앤더슨 대학을 통해 수많은 목회자, 선교사, 그리고 사역자들이 배출되어 지금도 세계 도처에서 영혼을 구령하며 교회들을 개척하고 주님의 사역을 이루어 가고 있다.

하일스 박사는 40 여권의 저서를 통해 그의 성경적 확신과 근본주의 신앙 그리고 구령의 열정을 기록으로 남겼는데 그중에 다수의 책이 한국어로 번역되어 한국의 독자들에게 소개되고 있다.

목 차

chapter 1

구원이란 무엇인가?

1. 구원이란 무엇인가?

하나님께서는 목적을 가지고 사람을 지으셨습니다. 그 목적은 사람들이 하나님께 찬양과 영광과 존귀를 돌리기 위해 특별히 지음을 받은 인류로써 오직 그의 뜻 행하는 것만을 추구하는 것이었습니다. 사람이 악한 자의 말을 믿었을 때 그 목적을 이루지 않기로 선택한 것이었으며 그 결과 사람은 에덴의 축복 속에서 누렸던 고상함과 하나님과의 교제로부터 떨어져 나오게 되고 말았습니다. 사람은 이제 타락해 버렸지만 하나님은 여전히 그를 되찾으시기를 원하십니다. 이것이 구원의 기본적인 의미입니다. 구원은 되찾는 것입니다. 그런데 이 되찾음에는 두 가지 면이 있습니다. 사람이 거듭날 때 그의 영혼이 구원(되찾음)을 받습니다. 그러나 하나님은 우리의 영혼이 구원받는 것으로 만족하시지 않으십니다. 주님은 우리의 삶도 되찾으시기를 원하시는 것입니다. 에베소서 2:10, "우리는 그의 만드신 바라 그리스도 예수 안에서 선한 일을 위하여 지으심을 받은 자니 이 일은 하나님이 전에 예비하사 우리로 그 가운데서 행하게 하려 하심이니라."

우리 교회에는 무엇이든지 쉽게 배우지 못하는 한 사람이 있습니다. 그는 정상적인 직장을 가질 수 없기 때문에 이 거리 저 거리를 다니며 여기저기 쓰레기통을 뒤져서 알루미늄이나 주석 깡통들을 줍습니다. 그가 한 깡통을 보게 되면 그것은 되찾음을 받게 됩니다. 그러나 그것을 거리에서나 쓰레기통에서 단순히 건져냈다고 되찾은 것이라 할 수는 없습니다. 분명히 그것이 더 이상 쓰레기통에 버려져 있지는 않습니다. 그러나 쓰레기통에서 깡통이 건져졌다 해도 재생되어 다시 사용되기까지는 온전히 되찾아진 것이 아닙니다. 사람이 타락했을 때 그는 배설물과 같이 되고 말았습니다. 그의 의는 더러운 걸레와 같은 것이 되었습니다. 구원을 위한 계획이 수립되었는데 그 계획은 두 가지 면이 있었습니다. 그것의 첫 단계는 사람이 그리스도를 믿음으로 그의 영혼이 되찾음을 받는 것입니다. 그 다음은 또 한 가지 구원(되찾음)이 있는 데 그것은 마치 알루미늄이나 주석 깡통이 재생되어 다시 쓰이는 것처럼 사람의 삶이 하나님의 목적을 성취하기 위해 다시 새롭게 되는 것입니다.

그러므로 구원은 되찾아야 할 모든 것이 다 되찾아지는 것을 의미합니다.

히브리서 2:3, "우리가 이같이 큰 구원을 등한히 여기면 어찌 피하리요. 이 구원은 처음에 주로 말씀하신 바요 들은 자들이 우리에게 확증한 바니." 여기서 "등한히 여긴다"(neglect)는 말은 "끝내지 않는다"(not completing) 또는 "온전히 되찾지 못한다"(not totally salvaged)라고도 번역할 수 있습니다. 히브리서는 히브리 그리스도인들에게 주어진 말씀입니다. 그것은 구원받지 못한 사람들에게 하신 말씀이 아닙니다. 그래서 히브리서 2:3은 구원받은 사람들에게 하신 말씀이지 구원받지 못한 사람들에게 하신 것이 아닙니다. 대개 이 구절을 설교하는 분들이나 가르치는 이들은 이 말씀이 우리가 구원받는 것을 등한히 여기면 하나님의 진노와 심판을 피할 수 없다고 가르치는 것으로 말들을 합니다. 이 말씀을 그렇게 가르치는 것이 아주 부당한 일은 아니라 해도 하나님께서 의도하시는 근본적인 진리를 바로 말하는 것은 못됩니다. 여기서 하나님이 말씀하려 하시는 것은 구원받은 사람이 자신이 받은 구원을 등한히 여기는 것입니다. 그것은 쓰레기통에서 건짐을 받는 것을 말하려 하는 것이 아닙니다. 재생에 대하여 말씀하고 있는 것입니다. 하나님께서는 우리가 우리의 구원을 완성하는 일을 등한히 여기면 우리를 벌하시겠다고 말씀하시는 것입니다. 지옥으로부터 구원을 받아 영생에 이르는 것은 온전히 그리스도로 말미암아 되는 것입니다. 그러나 하나님께서는 우리의 영혼이 건짐을 받는 것만으로 만족하시지 않으십니다. 그분은 우리의 삶도 구원을 받기를 원하십니다.

우리 가정에는 네 자녀들이 있습니다. 맏딸 베키(Becky)가 고등학교 3학년이었을 때 내가 해몬드 올갠을 한 대 사주었습니다. 그때 나는 그 아이에게 비록 아빠가 선물로 사주었기 때문에 그것이 자신의 것이지만 등한히 하지는 말라고 일렀습니다. 연습을 하고 먼지를 털어야 하는 것입니다. 그 올갠은 그 아이를 위해 구별되어졌습니다. 그러나 아직 목적이 이루어진 것은 아닙니다. 그 올갠의 목적은 단지 베키의 소유가 되는 것이 아닙니다. 그것은 그 이상입니다. 그 올갠의 존재 목적은 베키의 소유가 될 뿐만 아니라 또 하나님의 영광을 위해 베키에 의해 쓰임을 받는 것입니다.

막내딸 신디(Cindy)가 일곱 살이었을 때 내가 예쁜 자전거를 한 대 사주었습니다. 그것을 사준지 두 주일 후에 그것이 눈 속에 버려져 있는 것을 발견했습니다. 나는 그 아이에게 그 자전거가 자기의 것이지만 등한히 여겨지고 있음을 일러 주었습니다.

하나님께서 여기서 하시는 말씀은 이 구원이 우리의 것이라는 것입니다. 우리의 영혼의 구원은 하나님의 은혜를 인하여 믿음으로 말미암아 된 것입니다. 그러나 하나님은 우리가 재생되어 다시 한번 원래 지음을 받은 목적을 이루기 위해 우리들의 삶이 사용되기를 원하십니다. 우리는 하나님의 은혜를 인하여 믿음으로 말미암아 쓰레기통에서 구원을 받았습니다.

에베소서 2:8-9, "너희가 그 은혜를 인하여 믿음으로 말미암아 구원을 얻었나니 이것이 너희에게서 난 것이 아니요 하나님의 선물이라. 행위에서 난 것이 아니니 이는 누구든지 자랑치 못하게 함이니라." 우리의 구원은 다시 쓰임을 받기 위한 것입니다.

에베소서 2:10, "우리는 그의 만드신 바라 그리스도 예수 안에서 선한 일을 위하여 지으심을 받은 자니 이 일은 하나님이 전에 예비하사 우리로 그 가운데서 행하게 하려 하심이니라." 우리가 쓰레기통에서 건짐을 받은 것은 다시 쓰임을 받기 위한 것입니다.

그러나 여기서 제 말을 오해하지 마십시오. 하나님께서는 우리가 쓰레기통에서 구원을 받기만 해도 기뻐하십니다. 그분은 우리가 지옥에 가는 것을 원치 않으십니다. 하나님께서는 우리가 죄에서 구원을 받아 거듭나기를 원하십니다. 그러나 그가 우리에게서 바라시는 전체적인 원하심은 우리가 쓰레기통에서 건짐을 받은 후 온전히 새롭게 되어 그가 우리를 지으신 목적을 이루는데 다시 쓰임을 받는 것입니다.

이런 이유에서 우리가 구령(Soul Winning)이라고 말할 때 그것은 우리들이 생각하는 것보다 훨씬 많은 의미가 있는 것입니다. 우리는 구령을 한 사람에게 어떻게 그의 이름이 하늘나라에 기록이 되며 어떻게 하면 지옥에서 구원을 받아 죽을 때 분명히 천국에 갈 것을 알 수 있는지 말해 주는 것이라고 생각합니다. 이것이 구령임에는 틀림이 없지만 구령의 전부는 아닙니다. 구원이 지옥에서 영혼을 건지는 것 이상이라면 구령도 사람을 지옥에서 구원받게 하는 것 이상입니다.

마태복음 28:19-20, "그러므로 너희는 가서 모든 족속으로 제자를 삼아 아버지와 아들과 성령의 이름으로 침례를 주고 내가 너희에게 분부한 모든 것을 가르쳐 지키게 하라. 볼지어다. 내가 세상 끝날까지 너희와 항상 함께 있으리라 하시니라." 우리는 여기서 구령의 두 가지 형태가 다 언급되어 있음을 볼 수 있습니다. 사람을 쓰레기통에서 끄집어내는 것이 있습니다. 그리고 "모든 것을 가르쳐 지키게 하는 것", 곧 저들을 다시 쓰임을 받도록 인도하는 일도 있습니다.

요한복음 15:16, "너희가 나를 택한 것이 아니요 내가 너희를 택하여 세웠나니 이는 너희로 가서 과실을 맺게 하고 또 너희 과실이 항상 (남아) 있게 하여 내 이름으로 아버지께 무엇을 구하든지 다 받게 하려 함이니라." 우리는 과실을 맺어야 합니다. 곧 사람들을 쓰레기통에서 구원하는 것입니다. 또 우리의 과실이 항상 남아 있어야 합니다. 곧 그들이 다시 쓰임을 받도록 하는 것입니다.

야고보서 5:19-20, "내 형제들아, 너희 중에 미혹하여 진리를 떠난 자를 누가 돌아서게 하면 너희가 알 것은 죄인을 미혹한 길에서 돌아서게 하는 자가 그 영혼을 사망에서 구원하며 허다한 죄를 덮을 것이니라." 이 말씀은 순전히 다시 쓰임을 받는 것에 관하여 말씀합니다. 이것은 지옥에서는 구원을 받았으나 원래의 목적을 위하여 새로워지지 않은 형제에 관하여 말씀하는 것입니다. 우리가 사람을 그리스도께(to Christ) 인도하는 것도 구원이지만 그를 그리스도를 위하여(for Christ) 인도하는 것도 구령인 것입니다.

잠언 11:30, "의인의 열매는 생명 나무라. 지혜로운 자는 사람을 얻느니라." 이 말씀은 "사람을 얻는 자(He that winneth souls/구령하는 자)는 지혜로운 자"라고 말씀합니다. 사람을 쓰레기통에서 건지는 자는 지혜로운 자입니다. 사람을 새롭게 하여 쓰임을 받게 하는 자는 더 지혜로운 자입니다.

다니엘서 12:3, "지혜 있는 자는 궁창의 빛과 같이 빛날 것이요 많은 사람을 옳은 데로 돌아오게 한 자는 별과 같이 영원토록 비취리라." 이 말씀은 우리에게 사람들을 옳은(의로운) 데로 돌아오게 하라고 분부합니다. 의에는 두 가지가 있습니다. 하나는 전가된 의로 우리가 거듭날 때 주어지는 그리스도의 의입니다. 두 번째는 우리가 우리의 삶에서 살아가야 할 의입니다. 먼저는 쓰레기통에서 건짐을 받는 것과 관계가 있습니다. 나중의 의는 다시 쓰임을 받기 위해 새롭게 되는 것과 관계가 있는 의입니다.

시편 142:4, “내 우편을 살펴보소서. 나를 아는 자도 없고, 피난처도 없고, 내 영혼을 돌아보는 자도 없나이다.” 이것은 구원을 받지 못한 사람이 자신의 거듭남을 위해 누가 관심을 가져 주기를 간구하는 부르짖음이 아닙니다. 거듭난 사람이 자신이 새롭게 되는 일에 누가 관심을 가지고 도와주기를 바라는 외침입니다. 그가 사모하는 것은 구원받은 자신의 영혼을 위해 누가 관심을 가져 주는 것입니다.

에스겔 34:16, “그 잃어버린 자를 내가 찾으며, 쫓긴 자를 내가 돌아오게 하며, 상한 자를 내가 싸매어 주며, 병든 자를 내가 강하게 하려니와….” 이 말씀은 로마서 구령법(Roman Road Plan of Salvation-로마서의 성구들만을 사용하여 사람을 구령하는 방법-역자 주) 만큼이나 구령적인 말씀입니다.

어떤 이들은 사람들을 한 번도 그리스도께로 인도하지 않습니다. 그들은 쓰레기통에서 아무도 건져내지를 않는 것입니다. 그들은 자기에게 주어진 특별한 소명은 사람들을 새롭게 되도록 인도하는 것이라고 생각합니다. 그러나 이것은 그들의 일의 절반에 불과하며 그들이 그리스도의 지상명령이나 하나님의 계획에 온전히 순종하는 것이 아닙니다. 반면에 어떤 이들은 사람들을 쓰레기통에서 건지는 일에 전력을 다 하지만 그들을 새롭게 하여 다시 쓰임을 받게 하는 일을 하지 않습니다. 이 역시 온전한 구령이라 할 수 없습니다. 그것도 지상명령의 절반만 수행하는 것이며 하나님의 온전하신 계획의 일부 밖에 되지 않는 구원으로 사람을 인도하는 것이 됩니다.

사랑하는 독자여, "당신은 구령자이십니까?" 구령하는 사람은 되찾는 사람임을 기억하십시오. 그는 죄인이 하나님을 선택하도록 인도하는 자이며 성도를 하나님의 뜻과 하나님의 일과 하나님의 계획을 선택하도록 인도하는 사람입니다.

잃어버린 죄인이 스스로 선한 것을 택할 수는 있습니다. 그러나 그가 잃어버린 죄인이기 때문에 자신이 택한 선을 행할 수는 없습니다. 그가 선을 사모하여 선한 것을 택할 수는 있겠지만 선을 행하지는 않을 것입니다. 왜냐하면 그의 의라고 하는 것조차 더러운 걸레와 같기 때문입니다.

이사야서 64:6, "대저 우리는 다 부정한 자 같아서 우리의 의는 다 더러운 옷(걸레) 같으며 우리는 다 쇠패함이 잎사귀 같으므로 우리의 죄악이 우리를 몰아가나이다." 그가 할 수 있는 것은 그리스도를 선택하는 것뿐입니다. 그리스도를 선택한 이후에야 그는 선을 선택할 수도 또 그 선을 행할 수도 있게 되는 것입니다.

빌립보서 4:13, "내게 능력주시는 자(그리스도) 안에서 내가 모든 것을 할 수 있느니라." 이제 선이 가능한 것이 되었습니다. 그러나 악한 것보다는 선한 것을 택하고 새롭게 되어 쓰임을 받기 위하여는 그에게 그렇게 인도해 줄 구령자가 필요합니다.

선을 선택하는 것과 선을 행하는 것이 가능하게 되기 위하여 먼저 그리스도를 선택하는 것이 구령의 첫 부분입니다. 구령의 그 다음 부분은 그리스도를 선택하여 이제 그리스도인이 된 그가 선을 선택하도록 인도하는 것입니다. 전에는 그가 죄의 형벌을 싫어했습니다. 이제는 죄를 싫어합니다. 선을 행할 능력이 없는 쓰레기통에서 그는 건짐을 받았습니다. 이제는 그리스도를 선택함으로 가능해진 선을 위하여 새롭게 되는 것으로 한 번 더 건짐을 받아야 합니다.

이 말은 하나님께서는 죄인이 그리스도께로 나오기를 원하실 뿐 아니라 그리스도인이 쓰임을 받는 자가 되기를 원하신다는 뜻입니다. 주님이 구령자에게 바라시는 것은 사람들이 그리스도를 믿어 지옥에서 천국으로 인도되게 하는 일만이 아니라 계속하여 구원받은 그리스도인들을 하나님의 지으신 목적에 다시 쓰임을 받을 수 있기 위하여 새롭게 되는 일을 선택하도록 인도하는 것입니다. 그것이 진정한 구원입니다!

chapter 2

중생과 구원

2. 중생과 구원

요한복음 3:7, "내가 네게 거듭나야 하겠다 하는 말을 기이히 여기지 말라."

요한복음 1:11-12, "자기 땅에 오매 자기 백성이 영접지 아니하였으나 영접하는 자 곧 그 이름을 믿는 자들에게는 하나님의 자녀가 되는 권세를 주셨으니."

베드로전서 1:23, "너희가 거듭난 것이 썩어질 씨로 된 것이 아니요 썩지 아니할 씨로 된 것이니 하나님의 살아있고 항상 있는 말씀으로 되었느니라."

야고보서 1:18, "그가 그 조물 중에 우리로 한 첫 열매가 되게 하시려고 자기의 뜻을 좇아 진리의 말씀으로 우리를 낳으셨느니라."

디도서 3:1-5, "너는 저희로 하여금 정사와 권세 잡은 자들에게 복종하며 순종하며 모든 선한 일 행하기를 예비하게 하며 아무도 훼방하지 말며 다투지 말며 관용하며 범사에 온유함을 모든 사람에게 나타낼 것을 기억하게 하라. 우리도 전에는 어리석은 자요 순종치 아니한 자요 속은 자요 각색 정욕과 행락에 종노릇한 자요 악독과 투기로 지낸 자요 가증스러운 자요 피차 미워한 자이었으나 우리 구주 하나님의 자비와 사람 사랑하심을 나타내실 때에 우리를 구원하시되 우리의 행한 바 의로운 행위로 말미암지 아니하고 오직 그의 긍휼하심을 좇아 중생의 씻음과 성령의 새롭게 하심으로 하셨나니."

"중생"(Regeneration)이란 말은 "다시 생명을 얻는 것"(to be gened again)을 의미합니다. 우리는 처음에 육적 생명(씨: physical genes)으로 태어났지만 다음에 영적 생명(spiritual genes)으로 났습니다. 먼저는 우리가 이 땅의 부모님의 생명(earthly parental genes)으로 태어났으나 나중에는 하나님의 생명(Divine genes)으로 났습니다. 이것이 바로 요한복음 3:5, 7이 하는 말씀의 뜻입니다. "예수께서 대답하시되 진실로 진실로 네게 이르노니 사람이 물과 성령으로 나지 아니하면 하나님 나라에 들어갈 수 없느니라. 내가 네게 거듭나야 하겠다 하는 말을 기이히 여기지 말라." 7절에서 주님이 "네가 거듭나야 하겠다"(You must be born again)라고 하실 때 사용하신 헬라어는 생명(genes)을 말할 때와 같은 단어입니다. 그러므로 그 말은 "네가 다시 생명을 얻어야 한다"(You must be gened again)는 말씀인 것입니다. 그것은 육으로 난 생명이 얼마나 훌륭하냐 하는 것과는 상관이 없습니다. 육으로는 사람이 제대로 태어나지 못합니다. 자신을 개선하고 침례를 받고 교회 회원이 되고 자신을 개혁한다 해도 육의 생명은 변하지를 않습니다. 왜냐하면 육으로 난 것은 육이기 때문입니다. 그래서 육으로 난 사람은 하나님의 것들을 이해하지 못하는 것입니다.

고린도전서 2:14, "육에 속한 사람은 하나님의 성령의 일을 받지 아니하나니 저에게는 미련하게 보임이요 또 깨닫지도 못하나니 이런 일은 영적으로라야 분변함이니라."

이 새로운 생명은 하나님께로부터 나야만 합니다.

요한복음 1:11-12, "자기 땅에 오매 자기 백성이 영접지 아니하였으니 영접하는 자 곧 그 이름을 믿는 자들에게는 하나님의 자녀가 되는 권세를 주셨으니." 부모의 생명은 소용이 없습니다. 우리는 하나님께로부터 나야만 합니다. 여기서 "난다"(born)는 말은 생명(genes)이란 말과 어원이 같습니다. 처음에 우리는 일시적인 생명으로 태어났습니다. 영원히 살려면 영원한 생명으로 태어나야만 하는 것입니다.

요한복음 3:7, "내가 네게 거듭나야 하겠다 하는 말을 기이히 여기지 말라." 여기서 하나님께서는 우리가 영원한 생명을 가지려면 영원한 분이 우리를 낳아야 한다고 말씀하고 계십니다. 태초부터 계시는 분이 우리를 낳아야 하는 것입니다. 항상 계시는 분이 우리를 낳아야 합니다.

요한복음 1:1, "태초에 말씀이 계시니라. 이 말씀이 하나님과 함께 계셨으니 이 말씀은 곧 하나님이시니라."

계시록 22:13, "나는 알파와 오메가요 처음과 나중이요 시작과 끝이라." 옛 성품은 육적 생명으로 났기 때문에 영원히 살 수가 없습니다. 그것은 이 땅의 부모님에게서 난 생명입니다. 거듭나기 위해서는 위로부터 영원한 생명으로 태어나야 하는 것입니다.

이 생명(씨:genes)은 그러면 무엇입니까? 그것은 하나님의 말씀입니다.

야고보서 1:18, "그가 그 조물 중에서 우리로 한 첫 열매가 되게 하시려고 자기의 뜻을 좇아 진리의 말씀으로 우리를 낳으셨느니라." 여기서 "낳으셨다"(begat)는 말은 "생명을 얻었다"(gened)와 같은 말에서 나왔습니다. 우리는 하나님의 말씀으로 생명을 얻었습니다.

베드로전서 1:23, "너희가 거듭난 것이 썩어질 씨로 된 것이 아니요 썩지 아니할 씨로 된 것이니 하나님의 살아있고 항상 있는 말씀으로 되었느니라." 여기에도 같은 말씀이 있습니다. 우리는 영원한 어떤 것에서 생명을 얻어야 하는 것입니다. 그것은 전에도 있었고 항상 있게 될 어떤 것을 말합니다. 이것이 바로 하나님의 말씀입니다. 하나님의 말씀은 옛적에 하나님의 거룩한 사람들이 펜을 들었을 때 기록된 것이 아닙니다. 그것은 그 전에도 항상 있었습니다!

시편 119:89, "여호와여 주의 말씀이 영원히 하늘에 굳게 섰사오며." 어떤 이들은 하나님의 말씀이 사람들이 펜을 들 때 기록된 것이 아니고 사람이 있기도 전에 이미 하늘에 기록되었었다고 말을 합니다. 그러나 사실은 그것보다 더 거슬러 올라가야 합니다. 이와 마찬가지로 우리의 씨(생명:genes)가 항상 있었던 것이고 또 항상 있을 것이면 우리의 구원도 항상 있었던 것이 되며 항상 있을 것이 됩니다. 내가 받은 씨가 영원하기 때문에 그것이 가져다 준 나의 생명도 영원합니다. 그 씨는 하나님의 말씀인데 시편 126:5-6의 (보배로운) 씨가 바로 이것입니다. "눈물을 흘리며 씨를 뿌리는 자는 기쁨으로 거두리로다. 울며 (보배로운) 시를 뿌리러 나가는 자는 정녕 기쁨으로 그 단을 가지고 돌아오리로다."

이 썩지 않는 씨가 썩지 않는 생명을 줍니다. 요한일서 3:9, "하나님께로서 난 자마다 죄를 짓지 아니하나니 이는 하나님의 씨가 그의 속에 거함이요 저도 범죄치 못하는 것은 하나님께로서 났음이라." 이 씨는 태어난 적이 없습니다. 그래서 죽지도 않습니다. 그 씨가 가져다 주는 생명도 태어나는 것이 아니기 때문에 죽을 수 없습니다. 그래서 죽지도 않습니다. 그 씨가 존재하는 만큼 그 생명도 존재할 것입니다. 일시적인 생명을 개선하여서 영원한 생명을 얻을 수 있다고 생각하는 것은 얼마나 어리석은 것입니까! 영원하지 못한 육적 씨로 주어진 첫 생명이 영원하지 못한 것과는 반대로 영원한 씨로 주어진 두 번째 생명은 영원한 것일 수 있는 것입니다. 그러나 그것이 영원한 것이 되기 위하여는 그 씨가 썩지 않는 것이어야 합니다! 썩어질 씨에서 생긴 생명이 썩지 않는 영원한 것이기를 기대하는 것처럼 어리석은 것이 없습니다. 1926년 9월 25일에 부모님께로부터 받은 나의 생명은 썩어질 씨에서 생긴 썩어질 생명이기 때문에 죄를 지을 수 밖에 없었습니다. 1937년 8월에 내게 주어진 생명은 썩지 않는 씨로 인한 썩지 않는 생명이기 때문에 죄를 짓지 않을 수 있습니다. 그러므로 이 생명은 죽지 않는 것입니다. 영원한 생명은 썩어질 씨에서는 나올 수 없습니다. 그리고 썩어질 씨에서 난 생명에 우리가 무슨 일을 하든지 그것을 썩지 않게 하거나 영원하게 할 수가 없으며 썩어질 생명이 하는 어떤 일로도 썩지 않는 생명이 하는 일을 무효화 하지 못하며 썩지 않는 씨에서 난 생명은 썩어질 씨에서 난 생명에 의해 무효화 되지 않습니다. 그 말은 육적인 사람이 무슨 짓을 하든지 영적인 사람의 생명을 멈추게 할 수가 없다는 말입니다. 다시 말하면, 구원을 받기 위해 사람이 할 수 있는 일이 없는 것처럼 그것을 무효화 하기 위해 사람이 할 수 있는 일도 없습니다. 육체의 행위가 새 생명을 가져오지 못하는 것처럼 육체의 아무런 행위도 새 생명을 없애지 못한다는 말입니다. 바울이 로마서 7장에서 말하는 것처럼 그것이 새 성품을 대항하여 싸울 수는 있지만 그것을 파괴하지는 못합니다. 그것은 새 성품이 영원한 썩지 않는 씨에서 나며 그것 또한 영원하며 멸할 수 없는 것이기 때문입니다.

요한복음 3:16, "하나님이 세상을 이처럼 사랑하사 독생자를 주셨으니 이는 저를 믿는 자마다 멸망치 않고 영생을 얻게 하려 하심이니라."

이것이 바로 구원이 행위로 되지 않는 이유입니다. 육적인 생명이 새로운 각오를 하고 교회를 다니고 개혁을 할 수 있어도 영원한 생명으로의 새로운 출생을 하게 하지는 못합니다. 영적 생명은 영적 씨를 통하여만 가능합니다. 이 생명은 영적 씨인 하나님의 말씀과 우리의 믿음이 화합할 때 생기게 됩니다. 그때 우리는 다시 생명을 얻게 되는(Re-gened) 것입니다. 죄를 짓는 법이 없으며 그러므로 죽지도 않는 새로운 생명이 우리 안에서 태어나게 됩니다. 하나님의 생명 곧 하나님의 말씀으로 난 새 성품은 부모님의 생명으로 태어난 옛 성품과 갈등을 하기 시작합니다. 이 갈등은 계속됩니다. 그러나 결국은 옛 성품의 연약함이 드러나게 되고 사망으로 넘겨지게 될 때 영원한 생명이 필연적으로 승리하게 됩니다. 또 우리 안에 계신 이가 세상에 있는 이보다 크시기 때문에 어떠한 상황에서 옛 성품과 어떠한 싸움을 싸우더라도 새 성품이 그것을 다스릴 수 있습니다.

그러므로 하나님의 자녀된 사람이 다른 사람들을 그리스도께 인도하고자 하면 하나님의 말씀을 사용해야만 하는 것입니다. 사람을 거듭나게 하는 것은 우리의 변론이나 이론 또는 우리의 개성이나 똑똑함 혹은 명석한 두뇌가 아닙니다. 죄인을 다시 나게 하는 것은 하나님의 말씀, 곧 하나님의 씨(생명:Genes)입니다. 그렇기 때문에 성경은 죽었다가 살아나는 사람이 있다고 해서 사람들이 믿게 되는 것이 아니라고 말씀하시는 것입니다. 애절한 이야기도 좋고 좋은 간증도 좋지만 그것으로 사람이 다시 나지는 못합니다. 하나님의 말씀에 의하여만 새로 생명을 얻을 수 있습니다. 그러므로 하나님의 말씀이 사용되어야 합니다. 전파되어야 하고 가르쳐져야 하고 배워져야 합니다. 외워져야 하며 알려져야 하는 것입니다. 그렇습니다. 주님이 명령하신 대로 이 일을 위해 우리가 가야만 합니다.

마태복음 28:19-20, "그러므로 너희는 가서 모든 족속으로 제자를 삼아 아버지와 아들과 성령의 이름으로 침례를 주고" 그렇습니다. 우리는 눈물을 흘려야 합니다.

시편 126:5, "눈물을 흘리며 씨를 뿌리는 자는 기쁨으로 거두리로다." 그렇습니다. 우리는 복음을 전파해야 합니다.

마가복음 16:15, "또 가라사대 너희는 온 천하에 다니며 만민에게 복음을 전파하라." 그렇습니다. 우리는 가르쳐야 합니다.

마태복음 28:20, "내가 너희에게 분부한 모든 것을 가르쳐 지키게 하라. 볼지어다 내가 세상 끝날까지 너희와 항상 함께 있으리라 하시니라." 그러나 우리가 이 모든 일을 하더라도 하나님의 말씀을 사용하지 않으면 모두 헛된 일입니다.

시편 126:6, "울며 씨를 뿌리는 자는 정녕 기쁨으로 그 단을 가지고 돌아오리로다." 우리가 이 씨 곧 하나님의 말씀을 사용할 때 우리는 생명을 줄 수 있는 그것을 사용하는 것입니다. 그것에 믿음으로 화합할 때 생명이, 죽지 않는 생명이, 영원한 생명이 주어지게 됩니다. 그것은 썩지 않는 씨로 잉태되어 난 것이기 때문에 썩지 않는 것으로 새로 난 것 곧 중생한 생명인 것입니다.

chapter 3

회심과 구원

3. 회심과 구원

이사야서 1:26, "내가 너의 사사들을 처음과 같이 너의 모사들을 본래와 같이 회복할 것이라. 그리한 후에야 네가 의의 성읍이라 신실한 고을이라 칭함이 되리라 하셨나니."

이사야서 6:9, "여호와께서 가라사대 가서 이 백성에게 이르기를 너희가 듣기는 들어도 깨닫지 못할 것이요 보기는 보아도 알지 못하리라 하여"

누가복음 22:31-32, "시몬아 시몬아 보라 사단이 밀 까부르듯 하려고 너희를 청구하였으나 그러나 내가 너를 위하여 네 믿음이 떨어지지 않기를 기도하였노니 너는 돌이킨 후에 네 형제를 굳게 하라."

야고보서 5:19, "내 형제들아 너희 중에 미혹하여 진리를 떠난 자를 누가 돌아서게 하면 너희가 알 것은 죄인을 미혹한 길에서 돌아서게 하는 자가 그 영혼을 사망에서 구원하여 허다한 죄를 덮을 것이니라."

"회심"(Conversion)이란 말은 "돌아서는 것", "방향을 바꾸는 것", "목적을 변경하는 것" 등을 의미합니다. 간단히 말하면 "어떤 사물의 용도를 전환하는 것" 이란 뜻입니다. 그러므로 회심을 "외적으로 나타나는 중생의 모습"이라 할 수 있습니다. 중생은 "다시 남" 또는 "새로운 생명으로 태어남"이란 뜻입니다. 그래서 회심이란 중생의 결과로 나타나는 외적 변화입니다. 우리 안에 새로운 성품을 주시며 거듭나게 하시는 분은 하나님이십니다. 선한 사마리아인이 강도를 만나 부상 당한 사람을 주막으로 데리고 가서 주막 주인에게 맡겨서 그를 돌보게 한 것처럼 하나님은 새로 태어난 그리스도인을 신약교회에 맡기셨습니다. 성령께서 교회와 교회 안의 그리스도인들을 사용하셔서 전에는 자신을 위하여 사용되던 생명을 이제는 다른 사람을 위해 사용되는 변화가 있게 하십니다. 전에는 죄 안에서 살던 생명이 이제 의 안에서 살게 되고 육체의 열매를 맺으며 살던 삶이 성령의 열매를 맺는 삶으로 변화되게 하십니다.

그래서 회심은 중생한 사람들의 생활과 행위의 변화를 위해 성령이 인도함을 따라 행하는 교회와 성도들의 사역입니다.

구속(Redemption)은 성자 하나님의 사역입니다. 중생(Regeneration)은 성령 하나님의 사역입니다. 칭의(Justification)는 그 아들 안에서 죄인을 의롭다고 선언하시는 성부 하나님의 일입니다. 그리고 회심(Conversion)은 구원받은 사람의 삶의 용도와 목적을 변화시키려는 교회의 일인 것입니다.

해몬드 제일침례교회에서 한 구획 떨어진 곳에 수년 동안 나이트클럽으로 사용되던 건물이 있습니다. 그것은 온갖 불의를 광고하면서 심지어 누드 댄싱까지 선전했습니다. 오랫동안 우리 교회 성도들이 그 클럽 앞의 인도에까지 가서 주님을 증거하고 복음 전도지를 돌렸습니다. 몇 년 후에 나이트클럽이 문을 닫았습니다. 우리는 그 나이트클럽이 왜 문을 닫았는지 알지를 못했습니다. 그러던 어느 날 동부의 한 주에서 어떤 사람이 내게 전화를 했습니다. 전화를 건 사람은 자신이 위에서 말한 그 나이트클럽의 주인이었다고 했습니다. 그는 우리 교회의 성도들이 오랫동안 자기에게 전도지를 주면서 구세주에 대한 이야기를 했기 때문에 그것이 매우 귀찮았고 또 저들이 매우 미웠다고 했습니다. 그리고 그는 "하일스 목사님, 결국 그들은 나를 그리스도인으로 만들고 말았습니다. 나는 나의 삶을 하나님께 드리고 나이트클럽의 문을 닫아 버렸습니다. 오늘 내가 목사님께 전화를 드린 것은 지금은 내가 복음을 전하고 있으며 며칠 후에는 목사 안수를 받게 됨을 알려 드리기 위해서입니다. 목사님과 목사님의 성도들이 주님을 증거하는 데 그토록 열성적인 것과 그들이 내 생애에 기여한 것을 인해 감사를 드립니다" 고 하였습니다.

그 후 얼마 되지 않아서 우리 교회가 그 나이트클럽 건물을 샀습니다. 우리가 그것을 샀으므로 이제 그 건물이 우리 것이 되었습니다. 대금이 지불되고 거래가 완결되니 이제 그 소유권이 바뀌었습니다. 그러나 아직 그 건물을 변한 것이 없습니다. 여전히 술을 마시는 테이블이 그대로 있었고 그에 어울리는 가구와 장식을 하고 있었습니다. 그것은 우리에게 팔렸습니다. 구속(救贖)된 것입니다. 우리 교회의 소유가 되었습니다. 그러나 이제 다른 목적으로 그것이 사용되기 위하여는 바뀌어져야 하는 것입니다. 그 건물이 구속되자마자 다시 말하면 구입되자마자, 소유권이 바뀌자마자 그것이 하나님을 위한 것으로 용도가 바뀌도록 성도들이 일을 시작했습니다. 만약에 우리가 그것을 구입하고도 그대로 내버려 두었다면 그것은 변화되지 못했을 것입니다. 우리가 그것을 구입하기 전에 거기에 들어가서 그것을 변화시킬 수 없었습니다. 건물의 용도를 바꾸는 것이 그것을 우리 것이 되게 하는 것이 아닙니다. 만약 그렇게 했다가는 우리는 범죄자가 되었을 것입니다. 건물을 사기 위해 값이 완불되고 거래가 종결되고 명의도 변경되어야 했습니다. 그런 다음 일꾼들이 그것의 용도를 하나님을 위한 것으로 바꾸기 위해 그 안에 들어갔던 것입니다.

지금 세상에는 구원을 받았지만 회심하지 못한 사람들이 많습니다. 그들은 그리스도의 보혈로 구속함을 얻었으나 그들의 발은 새로운 길을 걷지 않고 있습니다. 그들의 혀로 새로운 말을 하지 않습니다. 그들의 마음은 영적인 것에 머물지를 않습니다. 그들은 구원을 받았지만 육신적입니다. 고린도전서 3:1-3, "형제들아 내가 신령한 자들을 대함과 같이 너희에게 말할 수 없어서 육신에 속한 자 곧 그리스도 안에서 어린아이들을 대함과 같이 하노라. 내가 너희를 젖으로 먹이고 밥으로 아니하였노니 이는 너희가 감당치 못하였음이거니와 지금도 못하리라 너희가 아직도 육신에 속한 자로다. 너희 가운데 시기와 분쟁이 있으니 어찌 육신에 속하여 사람을 따라 행함이 아니리요."

그러므로 중생은 회심(변화)의 결과가 아닙니다. 변화는 중생한 다음에 일어납니다. 회심이 구원을 가져오지 않습니다. 구원받을 때 회심(변화)은 시작되게 되어 있습니다.

야고보서 5:19을 보십시오. "내 형제들아 너희 중에 미혹하여 진리를 떠난 자를 누가 돌아서게(회심하게: convert-역자주) 하면" 특별히 "너희 중에 (누가)", "(그를) 돌아서게 하면"이라는 말들에 주의하십시오. 누가 회심하게 되는 것입니까? "너희 중에 (누가)"입니다. 여기서 돌아서는 사람이 하나님의 백성이며 돌아서게 하는 사람도 하나님의 백성이라고 말합니다. 우리는 종종 서로 묻습니다. "지난 주일에는 회심한 사람이 몇 사람이나 됩니까?" (영어의 회심 -Conversion은 구원-Salvation과 같은 의미로 사용되는 경우가 많음-역자 주) 실제로 이 질문에서 우리가 묻는 것은 "지난 주일에 중생한 사람이 몇 사람이나 됩니까?" 하는 것입니다. 이러한 경우에 '회심'이라는 말을 쓰는 것이 큰 잘못은 아니라 하더라도 엄격히 성경적 의미에서 본다면 '회심'은 구원받은 하나님의 백성들의 삶에서 일어나는 것이며 하나님의 백성들이 그 일을 하는 것입니다.

앞에서 말한 나이트클럽이었던 건물의 경우에서 구매한 사람이 변화를 위해 일하지 않았습니다. 구매자가 건물을 샀을 때 일꾼들이 보내져서 악한 목적을 위해 사용되었던 바(bar)나 집기들을 끄집어내게 했던 것입니다.

그래서 회심은 새로운 그리스도인이나 연약한 그리스도인을 돌아서게(변화하게) 하는 그리스도인들의 점진적인 사역입니다. 그러나 오해하지 마십시오. 구원은 점진적인 것이 아닙니다! 구원과 회심은 동의어가 아닙니다!

누가복음 22:31-32, "시몬아 시몬아 보라 사단이 밀 까부르듯 하려고 너희를 청구하였으나 그러나 내가 너를 위하여 네 믿음이 떨어지지 않기를 기도하였노니 너는 돌이킨 후에 네 형제를 굳게 하라."

베드로가 회심한 지 오래 되었지만 예수께서는 그가 주님을 부인할 것을 아셨습니다. 주님이 하시는 말씀은 이것입니다. "베드로야, 너희 혀가 조금 있으면 악한 일에 쓰일 것이다. 그리고 나중에 돌이켜서 오순절에는 나를 위해 쓰이게 될 것이다." "베드로야, 네 발이 곧 너를 나의 뜻에서 벗어나 그릇된 일로 데려갈 것이다. 그러나 너는 돌이키게 되고 네 발이 다시 나의 뜻 안에서 행할 것이며 나를 위하여 쓰이게 될 것이다." "베드로야, 네가 잠시 후에는 마귀의 모닥불로 네 몸을 덥히겠지만 돌이키게 되면 나의 영광을 위하여 쓰이게 될 것이다. 그렇게 되면 너는 네 형제들을 굳게 하라." 이 말씀은 매우 흥미있습니다. 우리 주님이 하신 말씀은 바로 이것입니다. "베드로야, 네가 돌이키게 되면 곧 다른 사람들을 돌이키는 일에 착수해라." 그래서 돌이킨 사람은 돌이키는 사람이 되는 것입니다.

이제는 요한복음 15:16을 봅시다. "너희가 나를 택한 것이 아니요 내가 너희를 택하여 세웠나니 이는 너희로 가서 과실을 맺게 하고 또 너희 과실이 항상 있게 하여 내 이름으로 아버지께 무엇을 구하든지 다 받게 하려 함이니라." 여기서 특별히 "과실이 항상 있게 하려 함이니라"는 말씀을 주의해 보십시오. 주님이 하시는 말씀은 우리가 구령자가 되어야 하고 우리가 한 사람을 주께 인도하면 곧 우리는 그들을 변화시켜야 한다는 것입니다. 그들이 열매입니다. 그러나 열매가 변화되기 위하여 다시 말하면 남아 있기 위하여 적절한 돌봄이 있어야만 합니다.

2차대전 중에 나는 낙하산병으로 근무했습니다. 그때 나는 제82 공수사단 특별보병 대대 낙하산 정비 중대에 소속되어 있었습니다. 낙하산 강하 교육을 받고 처음으로 낙하하던 때에 우리가 탄 비행기는 C46이나 C47이라 불리는 것들이었습니다. 나중에는 우리가 "날으는 화차"(the flying boxcar)라고 불렀던 C82를 타고 낙하했습니다. 군대를 제대하고 몇 년 후에 델타 항공의 비행기를 타고 미시시피주의 낫체즈(Natchez, MS)에서 텍사스주의 달라스(Dallas, TX)로 가고 있었습니다. 그 비행기는 이상하게도 내 눈에 익어 보였습니다. 그래서 여승무원에게 그 비행기의 기종을 물어보았습니다.

그녀는 "이 비행기는 DC3입니다"라고 대답했습니다. 내가 그녀에게 그 비행기가 전에 내가 타던 C46이나 C47을 꼭 닮았다고 하자 그녀는 우리가 탄 비행기가 바로 그런 형이라고 했습니다. 그녀는 델타 항공사가 C46 몇 대를 구입하여 상업용으로 개조한(converted) 후 DC3라고 명명했다고 했습니다. 자, 여기에 전쟁을 위해 사용되었던 비행기가 있습니다. 그것이 팔려서 평화적인 목적을 위해 사용되려고 개조되었습니다. 전에 있던 딱딱한 의자는 치워지고 멋지고 부드러운 의자로 대체되었습니다. 전에는 전쟁을 위하여 쓰이다가 이제는 평화적인 목적에 쓰이기 위해 외부의 모습뿐만 아니라 내부 장식도 완전히 바뀌었습니다. 그 여승무원은 이것을 "개조형"(Conversion)이라고 불렀습니다. 만약에 델타 항공사가 그것을 구입하기도 전에 개조했다면 그것은 비합법적이었을 것입니다. 마찬가지로 자기의 의로운 행위로 구원을 이루려는 것은 하나님의 법에 어긋나는 것입니다. 먼저 구매, 곧 소유권이 설정되는 구속(救贖)이 있어야 하는 것입니다. 그 다음에는 개조하는 일이 있을 수 있습니다. 델타 항공사가 그 비행기를 샀다고 그것이 개조된 것입니까? 그렇지는 않습니다. 합법적으로 그것이 델타 항공의 소유인 것이 선언되었을 때 개조되었습니까? 그렇지도 않습니다. 개조는 그 일을 맡은 일단의 사람들에 의해 이루어집니다. 그 비행기를 파괴적 목적에서 건설적 목적으로 바꾸라는 주인의 명령을 받고 순종하여 그것에 들어간 사람들이 도구가 되어 그 뜻을 이루는 것입니다.

구원에서도 마찬가지입니다. 우리는 그리스도의 보혈이 값이 되어 산 바가 되었습니다. 성령에 의해 중생하였고 하나님 앞에서 의롭다는 선언을 입게 되어 칭의를 얻었습니다. 이것은 우리의 의로 된 것이 아니고 그를 영접할 때 우리에게 전가된 그리스도의 의 때문에 된 것입니다.

로마서 10:2-3, "내가 증거하노니 저희가 하나님께 열심이 있으나 지식을 좇은 것이 아니라 하나님의 의를 모르고 자기 의를 세우려고 힘써 하나님의 의를 복종치 아니하였느니라." 우리가 그리스도를 영접할 때 우리를 도와서 변화시킬 일이 인간적 도구에게 주어졌습니다. 이것이 바로 다메섹의 아나니아가 다소의 사울에게 하였던 일입니다. 이것이 곧 나단 선지자가 범죄한 다윗왕에게 했던 사역입니다. 이것이 교회의 성도들이 서로 간에 해야 할 일인 것입니다. 새로운 신자이건 범죄한 형제 자매이건 변화시키고 돌이켜야 하는 것입니다.

이것은 변화에도 정도가 있음을 의미합니다. 죄에 깊이 빠졌던 사람을 변화시키는 것은 그리스도인의 가정에서 자라나서 이제 그리스도를 영접한 어린이를 변화시키는 것보다 힘듭니다. 우리가 하는 말은 회심(변화)이지 구원이 아닌 것을 다시 기억하십시오. 구원에는 정도가 없습니다. 그러나 회심(변화)에는 있습니다.

해몬드 제일침례교회를 25년간 목회하면서 우리는 많은 상업용 건물과 주거 건물들을 주님의 일을 위해 구입했습니다. 에스티 침구상의 건물을 구입하여 우리가 학생부 교육관으로 사용하고 있습니다. 릴라이어블 가구 회사를 사서 구제선교부(Rescue Mission)로 쓰고 있습니다. 세이퍼 가구 회사는 5층 건물인데 주일학교 교육관 및 교실로 사용하고 있습니다. 베리 브러더스 백화점 건물은 스페인어 부서의 건물로 쓰고 있습니다. 스타일 가구점의 건물들은 다 철거되고 지금은 그 땅을 주차장으로 쓰고 있습니다. 워쓰 가구점 건물은 우리 교회의 지진아들을 위한 사역인 선구자부와 썬빔(Sunbeam)부를 위해 사용되고 있습니다. 우리는 해몬드 직물 회사의 건물을 사서 지금은 청년 센터와 맹인부 건물로 쓰고 있습니다. 최근에 우리는 후이센가 모피 선물 가게를 샀는데 지금은 주님의 사역을 위해 개조되고 있습니다. 엘크스 여관도 마찬가지입니다. 스톨츠 약국은 스페인어로 설교하는 예배소가 되었습니다. 지니 식당을 사서 농아부에서 쓰고 있습니다. 템플 식당은 헐고 본당을 넓혔습니다. 미나스 자동차 정비 공장은 교회 주차장으로 쓰고 있습니다. 이런 건물들 외에도 우리는 미장원, 안과의사 사무실, 양복점, 부화장, 나이트클럽, 창고, 두 동의 아파트 건물과 여러 채의 집들을 샀습니다. 이 모든 건물들이 세속적인 목적에서 영적인 목적으로 그 용도가 바뀌었습니다. 아파트를 개조하는 것이 나이트클럽을 개조하는 것보다 훨씬 쉬웠습니다. 여관보다는 집을 바꾸기가 쉬웠습니다. 그러나 어떤 용도나 형태의 건물이건 일단 구입되면 바로 개조하는 과정에 들어갔습니다.

시편 19:7, "여호와의 율법은 완전하여 영혼을 소성케 하고(converting the soul) 여호와의 증거는 확실하여 우둔한 자로 지혜롭게 하며." 여기서 우리는 또 다시 변화(converting)는 하나님의 말씀을 사용할 때 일어나는 것을 발견합니다. 새 신자는 단순한 그리스도인의 교제 이상을 필요로 합니다. 새 신자 환영파티 이상이 필요합니다. 바로 하나님의 말씀이 필요한 것입니다! 우리는 하나님께서 이루신 모든 일을 그의 말씀으로 이루신 것을 늘 기억해야 합니다. 창세기의 처음에서 우리는 "하나님이 가라사대"라는 말씀과 그 뒤를 이어 "그대로 되니"라는 표현을 열

번이나 봅니다. 낮을 지배하는 큰 광명 태양을 말씀으로 지으시고 하늘에 놓으셨습니다. 밤을 다스리는 작은 광명 달도 말씀으로 지으시고 하늘에 두셨습니다. 밤하늘의 샹델리아인 별들도 저녁 세상을 대 성당으로 만들기 위해 말씀에 의해 각각 자기 소켓에 꽂혔습니다. 하나님의 말씀 때문에 북 캘리포니아의 레드우드 나무(Redwood Tree- 북 캘리포니아 지방에 산재한 고목들로 높이가 수십 미터에 이르는 것들과 밑둥에 난 구멍 사이로 자동차가 통과할 수 있는 것들도 있다.-역자 주)는 삼림의 삼손으로 군림하고 있습니다. 하나님께서는 말씀으로 아리조나의 사막들을 칠하시고 말씀으로 미네소타의 호수들을 신성의 눈물방울로 채우셨습니다. 하나님의 말씀으로 그는 협곡을 깎으셨고 이집트의 피라미드와 같은 높은 산들을 일으키시고 그 정상에는 흰 거품 크림들로 덮으셨습니다. 그는 말씀으로 소나무를 지구 성소 위에 세워진 하늘의 첨탑처럼 높고 고상하게 서게 하셨습니다. 말씀의 명령으로 강들은 대양으로 쏟아져 들어가고 말씀에 의해 바다는 높은 곳에서 오는 물들을 받아들입니다. 하나님의 말씀에 의해 치자나무에 향기가 주어졌습니다. 장미의 아름다움도 하나님의 말씀을 따라 지음을 받았습니다. 하나님께서 이루신 모든 일은 다 말씀으로 되어진 것입니다. 예수 그리스도께서 악한 자에게서 시험을 받으실 때 그는 하나님의 말씀으로 대적하셨습니다. 다시 그가 적그리스도를 무찌르시려 오실 때 그는 그 입의 영 곧 하나님의 말씀으로 그를 이기실 것입니다. 부모가 자녀를, 선생이 학생들을, 목사가 성도들을, 교회가 새로운 신자들을 변화시키려 할 때 그것은 하나님의 말씀으로 되어져야만 합니다.

시편 51:13, "그리하면 내가 범죄자에게 주의 도를 가르치리니 죄인들이 주께 돌아오리이다." 이 시편에서 다윗은 나단 선지자에게서 책망을 받은 후에 자신의 죄를 회개하고 있습니다. 참회의 시라고 불리는 이 시편에서 다윗이 기도를 하였습니다. 이것은 회개와 죄의 자백과 회복을 위하여 하나님께 비는 다윗의 기도입니다. 그가 하나님께 드리는 논리 중의 하나는 그가 용서를 받게 되면 다른 사람들을 변화시키는(돌이키는) 일을 도울 수 있을 것이라는 말이었습니다. 하나님의 사람들 중에 다윗의 도움과 격려, 그의 힘과 가르침이 필요한 사람들이 많습니다. 그렇지만 다윗이 먼저 변화되어야 합니다. 그가 구원은 받았지만 변화된 것은 아닙니다. 잠시 그가 악의 도구로 사용되었습니다. 이제 그는 의의 도구로 사용되어야 했습니다. 그는 자신이 돌이키고 다른 사람들을 돌이키는 일을 위해 먼저 하나님의 용서를 빌었습니다.

이제 요약하여 하나님이 정하신 순서를 살펴봅시다. 첫째로 구원받지 못한 사람은 하나님의 말씀에서 볼 수 있는 구원에 관한 것들을 알아야만 합니다. 그에게는 하나님의 말씀의 귀한 씨가 필요한 것입니다.

시편 126:5-6, "눈물을 흘리며 씨를 뿌리는 자는 기쁨으로 거두리로다 울며 (귀한) 씨를 뿌리러 나가는 자는 정녕 기쁨으로 그 단을 가지고 돌아오리로다." 다음에 따라와야 하는 것은 믿음입니다. 그리스도께 자신의 믿음을 드리는 것입니다.

에베소서 2:8-9, "너희가 그 은혜를 인하여 믿음으로 말미암아 구원을 얻었나니 이것이 너희에게서 난 것이 아니요 하나님의 선물이라 행위에서 난 것이 아니니 이는 누구든지 자랑치 못하게 함이니라." 그리고는 구속이 옵니다. 갈보리의 피 값이 효력을 발하여 그리스도의 보혈로 우리가 구속을 받습니다. 그 다음에 오는 것이 중생입니다.

디도서 3:5, "우리를 구원하시되 우리의 행한 바 의로운 행위로 말미암지 아니하고 오직 그의 긍휼하심을 좇아 중생의 씻음과 성령의 새롭게 하심으로 하였나니." 이것은 새로운 출생과 동일한 말입니다.

요한복음 3:5, 7, "예수께서 대답하시되 진실로 진실로 네게 이르노니 사람이 물과 성령으로 나지 아니하면 하나님 나라에 들어갈 수 없느니라 … 내가 네게 거듭나야 하겠다 하는 말을 기이히 여기지 말라." 그때 아버지께서는 우리를 의롭다고 하십니다. 우리가 그리스도의 의를 옷입게 되었기 때문에 하나님은 우리가 의롭다고 선언하시는 것입니다.

로마서 5:1, "그러므로 우리가 믿음으로 의롭다 하심을 얻었은즉 우리 주 예수 그리스도로 말미암아 하나님으로 더불어 화평을 누리자." 이제 구매하는 일이 끝났습니다. 죄인이 성도가 되었습니다. 그의 이름이 하늘에 기록되었습니다. 이제 하나님께서는 신약교회에 자신의 말씀을 맡기시고 말씀하십니다. "내 영의 능력과 이 말씀을 사용함으로 전에 나를 저주하던 입술들이 나를 찬양하도록 변화되게 하고 죄악을 위해 쓰이던 눈들이 이제 하나님의 말씀을 읽는데 쓰이게 하며 잘못된 것을 듣던 귀들이 올바른 것을 듣게 하며 거룩치 못한 그림들로 가득 찼던 마음들이 거룩한 것들로 가득하게 하며 악한 생각들을 위해 쓰이던 정신들이 건설적인 생각과 하나님의 일을 계획하는데 쓰이게 하며 피흘리는데 빠르던 발들로 하나님의 뜻 안에서 쓰일 수 있는 곳으로 데려다주는 아름다운 발들이 되게 하라." 오, 하나님의 백성들이여, 우리에게는 거듭남을 위하여 선포해야 할 메시지가 있을 뿐만 아니라 거듭난 사람들이 거듭나고,

구속되고, 의롭게 되었을 뿐만 아니라 변화를 받게 되도록 우리가 해야 할 사역이 있습니다.

이런 이야기가 있습니다. 한 노인이 어느 아름다운 동네 복판에 넓은 터를 차지하고는 판잣집에서 살았습니다. 그의 집은 다 허물어지고 꼴사나운 모습을 하고 있었을 뿐만 아니라 땅에는 잡초와 쓸모없는 돌들로 가득 차 있었습니다. 그는 부유한 동네에서 형편없는 모습을 하고 살았던 것입니다. 이웃 사람들이 와서 그의 집과 마당을 손을 좀 보라고 간청을 하였습니다. 그러나 그들의 모든 노력은 소용이 없었습니다. 보건 당국에서 나와서 강제 퇴거를 시키겠다고 으름장도 놓았지만 그는 여전히 그 동네의 아름다운 지역에서 잡초에 파묻힌 그 조그만 판잣집에서 살았습니다.

그러던 어느 날 그 동네의 한 사람이 그 노인의 땅과 집을 사버리기 위해 모금을 위한 캠페인을 벌였습니다. 큰 액수의 돈이 모금되고 위원들이 선정되어 그 노인에게 가서 엄청난 액수를 제시하고 집과 땅을 팔라고 했습니다. 그 액수는 시가의 몇 배나 되는 것이었습니다. 다행히 그 노인이 그 제의를 받아들였고 잔금을 치를 날도 정해졌습니다. 거래를 종결하는 날이 되어 그들이 변호사와 함께 왔을 때 그들을 그 노인에게 서류에 서명할 곳을 보여주었습니다. 서명을 하기 전에 그 노인은 위원들을 쳐다보고는 말했습니다. "뭐 달라진 곳이 없습니까?"

그들은 "아니요, 뭐 말씀입니까?" 하고 대답했습니다.

실망한 노인은 그가 그 낡은 곳을 정돈했노라고 말했습니다. 그는 자신이 그것을 청소하고 먼지를 털어 깨끗하게 했다고 했습니다. 가구들을 바로 놓고 어느 정도 수리까지 했노라고 했습니다. 그들이 그곳에 이사 들어오면 좀 더 쾌적할 수 있도록 그 낡은 판잣집을 개선했는데 아무도 알아주지 않는다고 섭섭해했습니다. 물론 이웃 사람들은 동정적인 말로 그들이 그 집을 산 것은 들어와 살기 위한 것이 아니고 그것을 완전히 바꾸어서 마을의 명예가 될 수 있도록 하려는 것이라고 대답해 주었습니다.

수 많은 사람들이 구원받기 전의 그들의 삶을 개선시키려고 노력하고 있습니다. 그렇지만 첫째로 해야 할 일은 그리스도를 구세주로 모시는 일입니다. 그 다음에 침례를 받고 신약성경적인 교회의 회원이 되어야 합니다. 거기서 교회가 성령의 능력과 하나님의 말씀의 도움으로 변화의 과정(the Process of Being Converted)을 시작하여 새로운 그리스도인과 타락한 그리스도인을 은혜 안에서 자라게 하며 그들의 지체가 불의의 병기로 쓰이지 않고 의의 병기로 쓰이게 하고 구원을 받았을 뿐 아니라 변화도 되게 하는 것입니다.

chapter 4

구원에 내포된 전가

4. 구원에 내포된 전가

처음에 빛이 왔습니다. 그 다음에는 물이 위의 물과 아래의 물로 나뉘었습니다. 그리고 하나님께서는 밤하늘의 성군들을 밝히시면서 큰 광명으로는 낮을, 작은 광명으로는 밤을 주관하게 하셨습니다. 또 별들을 만드셨습니다. 그 후에 주님은 물속 세계에서 번성하는 바다 고기들을 지으시고 그리고 동물 세계의 모든 가족이 차례로 왔습니다. 이제 하나님은 사람을 지으실 준비가 되셨습니다. 주님은 사람을 자기 형상과 영원한 신성의 모양을 따라 지으셨습니다.

그것은 경이로운 세상이었습니다. 자라나는 모든 나무들은 눈으로 보기에 유쾌한 것들이었습니다. 강들은 푸른 계곡을 평화로이 흐르며 대양을 향해 나아갔습니다. 모든 소리들은 조화로운 것이었고 모든 광경은 사랑스러웠습니다. 가슴을 경직시키는 전쟁도 죽음을 두려워하게 하는 질병도 없었습니다. 나무 잎사귀는 결코 시드는 법이 없었습니다. 바람은 결코 거칠게 불지 않았습니다. 한기를 느끼게 하는 서리도 이마를 젖게 하는 땀도 저주의 소리를 들리게 하는 저속함도 없었습니다. 활짝 핀 꽃을 내리치는 광풍도 없었습니다. 더위나 추위 그리고 피곤함이 없었습니다. 눈물이나 한숨을 사람이 아직 배우지 않았습니다. 서리의 냉기로 인해 장미가 몸을 떠는 일이 없었습니다. 사람은 죄의식을 알지 못했으며 그를 즐겁게 하려고 마련해 주신 합창대의 아름다운 가락에 둘러싸여 있었습니다.

그런데 무언가가 빠진 것이 있었습니다. 사람은 에덴의 모든 축복과 아름다움을 함께 나눌 그와 같은 동질의 인물을 갈구하고 있었습니다. 그에게는 "저 장미가 아름답지 않아요? 치자의 향기를 맡을 수 있나요? 저기 일몰을 보세요. 정말 아름답습니다! 오늘 아침 저 꽃들이 아름답게 피었잖아요?"라고 할 아무도 없었습니다. 그는 낙원의 사랑스러움을 함께 나눌 어떤, 같은 생명의 인물을 그리워하고 있었습니다.

드디어 그녀가 왔습니다. 사람의 갈구에 하나님께서 만족을 주셨습니다. 그의 소원을 하나님이 이루신 것입니다. 그의 행복을 위한 하나님의 피조물이 임한 것입니다. 인간이 소유할 수 있는 모든 아름다움을 다 가진 그녀가 이제 온 것입니다. 그녀의 모든 동작은 품위로 충만했고 완전이 그녀의 인(印)이었습니다. 그녀의 모습에는 천국이 드리워져 있었습니다. 사랑이 그녀의 향기였습니다. 아침의 별들이 합창을 하며 하나님의 아들들이 기쁨으로 외치는 가운데 에덴은 변화되었습니다.

여기 그들이 있습니다. 사람과 그를 돕는 배필, 남자와 그를 완전케 하는 여자가 있습니다. 사람은 이제야 하나가 되었습니다. 함께 그들은 에덴의 아름다움을 나눕니다. 그들의 길에는 화관이 덮여 있습니다. 과수들이 매일 열매를 내었습니다. 끊임없이 꽃들이 피는 화원을 함께 그들은 거닐었습니다. 슬픔이나 심령의 고통이나 근심이나 곡함이나 염려나 절망 같은 말은 알지도 못했습니다. 장례식도 병원도 사고도 본 적이 없었습니다. 병균이란 말은 뜻도 알지 못했습니다. 눈물이나 고랑이 패인 이마, 주름진 얼굴이나 젖은 눈, 지친 어깨나 마비된 손 또는 굽은 등을 본 적이 없었습니다. 귀머거리, 소경, 백혈병, 암, 독감 같은 것들도 알지 못했습니다. 그곳은 참으로 놀라운 세계였습니다.

이 모든 때에도 주 예수 그리스도는 언제나 아버지와의 교제 가운데 계셨습니다. 주님은 이것에 관하여 요한복음 17:5에서 말씀하셨습니다. "아버지여 창세 전에 내가 아버지와 함께 가졌던 영화로서 지금도 아버지와 함께 나를 영화롭게 하옵소서." 살아있는 피조물들이 그의 영광을 쉬지 않고 노래했습니다. 태양이 그의 목소리에 순종했습니다. 달이 그의 명령에 고개를 숙이고 별들이 그의 말씀을 기다렸습니다. 그는 항상 아버지의 존전에 계셨고 천사들이 그를 섬겼으며 뭇별들이 그를 찬양했습니다. 하늘의 군상들이 그를 경배하였고 그가 가시는 곳마다 나팔이 울렸습니다. 황금길을 그가 걸을 때는 도열한 검들이 번쩍였습니다. 얼마나 축복된 일이었는지 모릅니다. 하늘나라에 완전한 연합이 있었으며 땅이라 불리는 또 다른 천국에도 완전한 연합이 있었습니다.

그러던 어느 날 한 신음 소리가 들려왔습니다! 땅에 어떤 일이 일어난 것입니다! 세상에 파괴가 찾아와 어두움을 가져왔습니다. 사람이 악한 자의 말을 들음으로 인류가 타락하였습니다. 사람에게 저주가 임한 것입니다. 사람이 자신이 벗은 것을 부끄러워하게 되었습니다. 근심과 고통 가운데서 여자는 자녀를 낳게 되었습니다. 바람은 거칠어지고 서리는 몸을 떨게 하고 뱀은 쉿쉿거리며 무서운 독을 퍼뜨리게 되었습니다. 장미는 돌연히 가시를 지니고 유순했던 동물들이 사나워졌습니다. 사람은 땀을 흘리는 것을 알게 되고 나무는 낙엽을 배웠습니다. 풀들은 죽음을 배우고 장미는 가시를 배웠습니다. 꽃들은 광풍을 만나게 되고 바람은 차갑게 불게 되었습니다. 사람은 죽음을 알게 되었습니다. 그런데 가장 무서운 것은 사람이 더 이상 그의 창조주와 교제를 할 수가 없게 된 것입니다! 하나님의 공의가 사람과 교제를 하지 못하게 하였습니다. 하나님의 공의는 "범죄한 영혼은 정녕 죽으리라"고 말씀하셨습니다. 그러나 하나님의 자비는 "사람과의 교제를 회복할 어떤 길이 있다면 좋겠다"고 말씀하였습니다. 하나님의 공의는 "죄의 삯은 사망이라"고 말하고 하나님의 자비는 "하나님이 세상을 너무나 사랑하노라"고 말했습니다. 어떻게 하나님의 공의와 자비가 함께 만족 될 수가 있겠습니까? 오직 한 가지 길밖에 없습니다. 하늘의 지존자가 이 땅에 오셔야 했던 것입니다! 그가 완전한 삶을 사셔야 했던 것입니다. 그가 율법을 다 지키고 완전히 이루셔야 했습니다. 그런 후에 그가 친히 십자가에 가셔서 인류의 저주를 담당하여야 했던 것입니다. 죄를 알지도 못하신 그가 죄가 되셔야 했던 것입니다. 의로운 분이 불의한 자가 되어야 했습니다. 하나님이 사람이 되셔야 했습니다. 완전하신 분이 불완전의 오점을 안으셔야 했습니다. 이 모든 일을 그리고 더 많은 일들을 그가 하셔야 했고 또 하고 계시는 것입니다.

그가 처녀의 태 속으로 가셨습니다. 베들레헴의 마구간에서 태어나셨습니다. 사람들 사이에서 33년을 이 땅에서 사셨습니다. 아무도 그를 환영하지 않았습니다. 열린 문은 마구간의 문 하나밖에 없었습니다. 남의 구유에서 태어나셨습니다. 남의 상에서 잡수셨습니다. 남의 짐승을 타셨습니다. 남의 베개를 베고 주무셨습니다. 남의 배를 타셨습니다. 그리고 남의 무덤에 묻히셨습니다.

그가 갈보리에 가셔서 죄가 되셨습니다. 왕 중의 왕이 보좌는 고사하고 십자가에 달리셨습니다. 가시 면류관 밖에는 면류관이 없었습니다.

길을 짚는 지팡이뿐 그에게 홀(왕의 신분과 권세를 의미하는 지팡이-역자 주)이 없었습니다. 용포 대신에 군인의 겉옷이 그에게 주어졌습니다. 신하들 대신에 그에게는 광란하는 폭도들뿐이었습니다. 이 모든 일들은 그가 아버지의 공의와 자비를 만족시켜 드리기를 원했기 때문에 일어난 일들이었습니다. 그 모든 대가를 치르신 후에 그는 외치셨습니다. "다 이루었다!" 72시간을 무덤에 묻히셨다가 그는 죽은 자 가운데서 다시 사셨습니다. 이제 그가 타락한 인류에게 구원을 제공하실 수 있게 되었습니다. 공의와 자비가 사랑의 화해 가운데 입을 맞추었습니다. 이제 사람이 하나님의 계획을 받아들인다면 사람이 에덴에서 하나님과 누리던 그 교제가, 하나님이 낙원에서 사람과 함께 누리시던 그 교제가 회복될 수 있게 된 것입니다.

하나님의 계획을 받아들일 때 하나님은 예수 그리스도의 완전한 의를 사람에게 전가해 주십니다. 불의를 용납하실 수 없으신 하나님이 우리가 그의 사랑하시는 아들의 의로 옷입은 것으로 보시는 것입니다.

로마서 10:1-4, "형제들아 내 마음에 원하는 바와 하나님께 구하는 바는 이스라엘을 위함이니 곧 저희로 구원을 얻게 하려 함이라. 내가 증거하노니 저희가 하나님께 열심이 있으나 지식을 좇은 것이 아니라 하나님의 의를 모르고 자기 의를 세우려고 힘써 하나님의 의를 복종치 아니하였느니라. 그리스도는 모든 믿는 자에게 의를 이루기 위하여 율법의 마침이 되시니라."

사람은 자기 힘으로 그 의를 얻지 못합니다. 죄를 이미 범했기 때문입니다. 사람이 의롭게 될 수 있는 유일한 희망은 갈보리에서 그를 위해 확

보된 그리스도의 의를 받아들이는 것입니다. 선택은 사람에게 남아 있습니다. 자기 의를 의지하여 영원을 지옥에서 보내든지 아니면 그리스도를 의지하든지 해야 합니다. 이 의는 믿을 때 그에게 전가되는 것입니다. 그 때 그는 천국에서 영원히 지내게 됩니다. 이것은 "구원을 받을 때 전가되어지는 의"입니다.

이것을 좀 더 잘 이해하기 위해 종이와 연필을 준비하십시오. 종이의 상단에 자신의 이름을 쓰고 그 밑에 자신이 지은 죄를 몇 가지 기록하십시오. 아마 거기에는 거짓말, 증오, 시기, 악의, 복수, 변명, 또는 '악한 죄'들로 불리는 어떤 것들도 있을 것입니다. 그 죄들은 어떻게든지 처리되어야 합니다. 그렇지 않으면 소망이 없습니다!

이제는 그런 죄를 끊는다고 가정해 봅시다. 그렇게 될 수 있다는 굉장한 일이겠지요. 그렇지만 이미 지은 죄들이 종이 위에 기록되어 있습니다. 그렇잖아요? 새로운 각오를 하는 것이 우리의 지난 죄를 속죄해 주지 못합니다. 여전히 종이 위에 있으니까요.

그러면 이제는 죄를 끊을 뿐 아니라 앞으로는 의롭게 살기로 결심을 한다고 합시다. 선행을 몇 가지 이미 적힌 아래에 기록해 보십시오. 헐벗은 사람에게 옷을 입힌다든지 맨발로 다니는 사람에게 신을 사준다든지 주린 사람을 먹인다든지 모든 사람에게 친절을 베풀고 원수를 사랑하는 등의 여러 가지의 선행이 있겠지요. 그리고 그 위를 보십시오, 당신의 죄가 있습니까? 물론입니다. 여전히 우리는 빚을 지고 있습니다. 성경은 "죄의 삯은 사망이요"라고 말씀했습니다. 그리고 죄를 없애기 위한 일은 아무 것도 되어 있지 않습니다. 의를 더하기도 하고 범죄를 중단하기도

했지만 전에 지은 죄들은 여전히 우리 앞에 놓여 있습니다. 그 죄들은 대속되어야만 하는 것입니다!

우리가 교회에 가입한다고 합시다. 선행이 열거된 밑에다 "교회 회원권"이라 적어 넣어 봅시다. 그래도 죄는 여전히 그곳에 있습니다. 침례를 추가할 수도 있겠지요. 주의 만찬이나 교회 봉사도 더할 수 있겠지만 그렇다고 문제가 해결되는 것이 아닙니다.

"아, 그렇습니다. 우리는 믿음으로 구원을 받는 것입니다!"라고 말씀하시겠습니까?

그렇지만 그 말도 믿음의 대상이 바른 경우에만 그렇습니다. 하나님이 계신 것이나 신성에 대한 믿음 또는 인류에 대한 믿음 같은 것으로는 문제가 해결되지 않습니다.

그렇다면 우리의 죄 문제는 어떻게 해결될 수가 있습니까? 그 죄들을 적은 목록의 하단에 '갈보리'라고 적어 넣으십시오. 그곳에서 예수께서 친히 그 몸으로 우리의 죄를 담당하시고 죄값을 치르셨습니다.

로마서 5:8, "우리가 아직 죄인 되었을 때에 그리스도께서 우리를 위하여 죽으심으로 하나님께서 우리에게 대한 자기의 사랑을 확증하셨느니라." 우리는 지금 그분을 우리의 구주로 믿고 있습니다. 그 목록에 있는 죄들을 그가 자신의 것으로 하시고 그 값을 완전히 다 치르셨습니다. 그러므로 이제는 그 죄들을 지워버리십시오. 우리가 그를 믿을 때 주님이 바로 그 일을 해주십니다. 이제 종이 위에는 아무런 죄도 적혀 있지 않습니다. 이제 우리는 의롭습니다. 우리가 행한 어떤 일이나 공로 때문이 아니고 그분이 해주신 일 때문입니다.

로마서 5:19, "한 사람의 순종치 아니함으로 많은 사람이 죄인된 것같이 한 사람의 순종하심으로 많은 사람이 의인이 되리라." 우리가 그리스도를 모셔 들이고 갈보리에서 그가 이루신 일을 믿는 즉시 하나님께서는 우리가 의롭게 되었다고 선언하십니다. 다시 말하면 하나님은 그리스도께서 우리가 불의한 것처럼 불의하게 되셨기 때문에 이제 우리가 그리스도께서 의로우신 것처럼 의롭게 되었다고 말씀하시는 것입니다.

로마서 3:24, "그리스도 예수 안에 있는 구속으로 말미암아 하나님의 은혜로 값없이 의롭다 하심을 얻은 자 되었느니라." 우리의 믿음은 그분을 영접하는 것을 가능하게 하였습니다. 주님을 영접할 때 우리는 또한 얻은 것이 있습니다. 믿음이 가로막고 있던 돌을 제거했기 때문에 하나님이 모든 것을 한꺼번에 우리에게 주실 수 있게 된 것입니다.

그분의 의가 우리에게 전가되었으므로 우리의 과거는 해결되었습니다. 그의 의가 우리에게 전가되었고 우리는 그의 의의 옷을 입고 있습니다. 그렇지만 앞으로는 어떻게 합니까? 앞으로 우리가 죄를 짓지 않을까요? 그러면 그 죄는 어떻게 합니까?

로마서 4:8, "주께서 그 죄를 인정치(전가하지: impute-역자 주) 아니하실 사람은 복이 있도다." 그리스도 안에서 그의 의의 옷을 입고 있는 사람에게는 하나님께서 그의 죄를 인정하지(전가하지) 않으실 것입니다.

참소자 사단이 하나님께 와서 이렇게 말할 수 있습니다. "하일스가 지은 죄를 보셨나요?"

하나님께서 말씀하십니다. "그래, 보았다."

사단이 말합니다. "그러면 죄를 주셔야지요."

하나님께서 말씀하십니다. “아니야, 그렇게 하지 않을 것이다.”

하나님께서 말씀하십니다. “이미 그 죄는 전가되었어. 나의 아들에게 그 죄가 주어졌기 때문에 이제 그리스도 안에 있는 자들에게는 죄가 인정(전가)되지 않는 것이야!”

이 모든 순서를 다시 살펴 봅시다. (1) 죄가 있습니다. (2) 죄가 기록되었습니다. (3) 예수께서 죄가 되셨습니다. (4) 예수께서 죄 값을 치르셨습니다. (5) 우리가 그것을 믿습니다. (6) 그리스도를 영접하면서 그가 죄를 위해 치르신 값을 개인적으로 받아들입니다. (7) 갈보리가 효력을 발휘합니다. (8) 개인의 죄가 덮여집니다. (9) 하나님께서 우리를 의롭다고 칭하십니다. (10) 하나님께서 이제는 아무 죄도 우리에게 묻지(전가치) 않으십니다.

우리의 큰 문제는 죄 문제입니다. 하나님과의 교제가 회복되려면 사람의 죄가 어떻게든 처리되어야 합니다. 죄 문제(Sin Problem)를 해결하는 유일한 길은 아들 문제(Son Problem)를 푸는 것입니다. 우리가 아들을 영접할 때 아들은 우리의 죄를 담당하며 우리 죄인들은 하나님의 의를 전가 받습니다. 이제 우리는 예수 그리스도의 의로 옷 입고 영원토록 하나님 앞에서 의인으로 설 수 있게 되었습니다. 이 의는 우리가 믿음으로 예수님을 영접하였기 때문에 우리에게 전가된 것입니다.

chapter 5

너희 구원을 이루라

5. 너희 구원을 이루라

빌립보서 2:12, “그러므로 나의 사랑하는 자들아 너희가 나 있을 때뿐 아니라 더욱 지금 나 없을 때에도 항상 복종하여 두렵고 떨림으로 너희 구원을 이루라.”

에베소서 2:8-10, “너희가 그 은혜를 인하여 믿음으로 말미암아 구원을 얻었나니 이것이 너희에게서 난 것이 아니요 하나님의 선물이라 행위에서 난 것이 아니니 이는 누구든지 자랑치 못하게 함이니라. 우리는 그의 만드신 바라 그리스도 예수 안에서 선한 일을 위하여 지으심을 받은 자니 이 일은 하나님이 전에 예비하사 우리로 그 가운데서 행하게 하려 하심이니라.”

시편 51:12, “주의 구원의 즐거움을 내게 회복시키시고 자원하는 심령을 주사 나를 붙드소서.”

우리는 앞에서 구원에는 두 부분이 있음을 살펴보았습니다. 어쩌면 그것을 두 가지 구원 즉, 영혼의 구원과 생활의 구원이라 말하는 것이 더 나을 것 같습니다. 또는 앞에서 강조한 것처럼 쓰레기통에서의 구원과 재활용으로의 구원이라고 해도 되겠습니다. 전자(前者)는 다윗이 시편 51:12에서 말하고 있는 것입니다. “주의 구원”이라고 한 것을 보십시오. 후자(後者)는 빌립보서 2:12에서 말씀한 것입니다. “너희 구원을 이루라”고 하신 말씀을 보십시오. 여기서 내게 주신 명령은 하나님의 구원을 이루라는 것이 아닙니다. 왜냐하면 내게는 그렇게 할 능력이 없기 때문입니다. 그렇지만 우리의 구원을 이루라고 주님은 말씀하고 계십니다.

내 영혼의 구원을 위하여 내가 할 수 있는 일은 전혀 없습니다. 그러나 나의 생활의 구원을 위하여는 내가 해야 할 몫이 있는 것입니다.

주님의 구원은 우리의 행위로 이루어지는 것이 아니라고 하나님은 말씀하십니다(에베소서 2:8-9). 그렇지만 곧 이어서 주님은 우리가 그리스도 안에 있는 선한 일을 위하여 지으심을 받았다고 말씀하십니다(에베소서 2:10). 이 말은 빌립보서 2:12에서 나의 구원을 이루라고 하시는 말씀과 부합되는 것입니다. 그것은 그의 구원은 우리의 행위로 되는 것이 아니지만 나의 구원은 대체로 나의 행위에 의존된다는 말씀입니다.

다음의 결론을 잘 살펴 보십시오.

1. 그의 구원은 온전히 그분의 사역입니다.

2. 나의 구원은 나의 사역(행위)을 포함합니다.

3. 나를 위해 선한 일(사역, 행위)이 예비되어 있습니다. 에베소서 2:10, "우리는 그의 만드신 바라 그리스도 예수 안에서 선한 일을 위하여 지으심을 받은 자니 이 일은 하나님이 전에 예비하사 우리로 그 가운데서 행하게 하려 하심이니라." 이 일(사역)은 내가 행하게 되어 있음에 주의하십시오.

4. 내가 그의 사역입니다.

5. 그러므로 나는 나를 위해서 준비되고 있고 나의 사역을 위해 준비되고 있는 그분의 사역입니다. 하나님께서 나를 나의 사역을 위해 준비하실 뿐 아니라 나의 일도 나를 위해 준비하시는 것입니다. 그는 나를 준비하셔서 인디애나주 해몬드시의 제일침례교회의 목사가 되게 하셨습니다. 한편으로 주님은 나를 준비하시면서 나의 사역 곧 교회와 사람들을

나를 위해 준비하셨습니다. 그러므로 나는 주님이 지옥과 파멸에서 건지시고 구원하신 그분의 사역입니다. 동시에 나는 나의 사역을 위해 예비되며 나의 사역 또한 나를 위해 예비되는 것입니다.

6. 그 말은 곧 우리가 사역이며, 우리가 사역을 하는 것이며, 또 우리가 우리 사역의 사역이란 뜻입니다. 이것은 내가 해몬드 제일침례교회의 목사가 되기 전에 시무하였던 모든 교회는 제일침례교회를 위하여 나를 준비시켰던 것이며 그 모든 기간을 통하여 하나님께서는 나를 위해 이 교회를 준비하시면서 이전의 모든 목사님들을 사용하시어 나를 위해 사람들을 예비하셨다는 말입니다. 다시 말하자면 내가 나의 사역을 해야 하는데 또 내가 나의 사역의 사역이란 것입니다. 나는 내일 일은 알지 못하지만 하나님께서 내게 행하게 하실 선한 일을 친히 예비하고 계신 줄은 압니다. 그리하여 그 선한 일은 선한 일이 되기도 하고 또 선한 일을 이루기도 할 것입니다. 하나님께서 그 일을 준비하시는 동안 나도 그것을 위해 준비되어야 합니다. 그 말은 내가 그것을 당할 때 그 일을 할 수 있게 되도록 내가 그곳에 있어야 한다는 것입니다. 그것은 나의 길에 놓여 있는 선한 일들은 나를 위해 그곳에 있다는 말입니다. 그 일이 나의 길을 지나갈 때 내가 그것을 볼 수 있어야 하며 그 일을 할 준비가 되어 있어야 하고 능력을 갖추고 있어야 합니다. 내 영혼의 구원을 위하여 내가 나의 행위(일)를 의존할 수 없지만 나의 구원 곧 나의 생활의 구원을 위하여는 그것을 이루기까지 끊임없이 나 자신을 드려야 합니다. 쓰레기통에서 건지는 일은 그분이 하십니다. 그러나 그분이 나를 지으신 목적에 내가 다시 쓰이고 재활용되기 위하여는 내가 해야 할 것을 내가 해야만 하는 것입니다.

chapter 6

영원한 생명

6. 영원한 생명

사람들이 영원한 생명을 생각할 때 보통 마음에 가장 먼저 생각하는 것은 그것이 끝이 없는 생명이란 것입니다. 분명히 영원한 생명의 의미 속에 끝이 없는 생명이란 개념이 포함되기는 하지만 그 안에는 그것보다 훨씬 더 많은 의미가 포함되어 있습니다. 영생은 끝이 없을 뿐만 아니라 제한이 없는 생명입니다. 예수님은 제자들을 위한 그의 중보기도에서 이렇게 말씀하셨습니다. 요한복음 17:3, "영생은 유일하신 참 하나님과 그의 보내신 자 예수 그리스도를 아는 것이니이다." 그렇습니다. 영생은 끝이 없는 것입니다. 그리고 그것보다 무한히 더 많은 생명입니다. 위의 말씀은 우리에게 영생을 얻기 위하여 그분을 알아야 한다고 하지 않습니다. 그분을 아는 것이 영생이라고 말씀하는 것입니다. 이 영생은 그를 믿는 믿음으로 받습니다. 그것은 끝이 없다는 것만을 의미하지 않습니다. 그것은 "만세의(of the ages) 생명"이라고 불릴 수 있는데 단순히 "오래 계속되는 것"만을 의미하지 않습니다. 그것은 "줄곧 있을 생명이며 줄곧 있어 온 생명이고 줄곧 올라가는 생명이며 줄곧 내려가는 생명입니다"(Life all the way on, all the way back, all the way up and all the way down). 사도 바울이 말씀했습니다. "내가 그리스도와 함께 못박혔나니 그런즉 이제는 내가 산 것이 아니요 오직 내 안에 그리스도께서 사신 것이라 이제 내가 육체 가운데 사는 것은 나를 사랑하사 나를 위하여 자기 몸을 버리신 하나님의 아들을 믿는 믿음 안에서 사는 것이라."(갈라디아서 2;20)

그러므로 영생은 존속이나 수명만을 의미하는 것이 아닙니다. 그것은 삶의 질도 의미하는 것입니다. 그것은 항상이라는 영원의 개념 안에서 지금이라는 시간의 개념을 잃어버리는 것입니다. 영생은 수명뿐만 아니라 생명의 질도 함께 의미하고 있습니다. 그것은 항상이라는 개념 안에서 지금을 사는 것입니다. 예수께서 유혹을 받으실 때 마귀는 지금의 것으로 공격했습니다. 그는 "지금 어떤 일을 해라. 지금 내게 절하라. 지금 무언가 취해라"고 했습니다. 모든 유혹은 지금의 것으로 공격하는 것입니다.

그런데 잘 보십시오. 예수님은 유혹과 싸우실 때에 하나님의 말씀을 사용하셨습니다. 사실 그가 하신 것은 항상 있는 것(영원한 것)으로 지금의 것을 대항하여 싸우신 것입니다. 시편 119:89, "여호와여 주의 말씀이 영원히 하늘에 굳게 섰사오며." 마귀는 주님께 지금의 화살을 쏘았습니다. 예수님은 항상의 방패로 그것을 막았습니다. 마귀가 두 번째 지금의 화살을 쏘았습니다. 예수께서 다시 항상의 방패로 그것을 막으셨습니다. 지금은 언제든지 항상과는 어울릴 수가 없습니다. 사단은 예수께 지금의 어떤 것을 제의했지만 주님은 항상 있는 것으로 되쏘아 버렸습니다.

하나님의 사람들이 구원받지 않은 사람들과 인간의 지혜로 변론하는 것은 지금으로 지금과 싸우는 것입니다. 그리스도인이 마귀와의 싸움에서 인간의 철학을 사용하는 것은 지금으로 지금을 대처하려는 것입니다. 그리스도인이 인간의 심리를 사용하는 것 또한 지금으로 지금과 싸우는 것입니다.

예를 들어 한 그리스도인이 기쁘지 않다고 생각합시다. 그는 다른 지역으로 이사를 하려 합니다. 그것은 그가 지금으로 지금과 싸우려 하는 것입니다. 하나님을 위하여 그가 하고 있는 어떤 일을 중단하려 합니다. 지금으로 지금과 싸우려는 것입니다. 어떤 변화를 추구하려 합니다. 지금으로 지금과 싸우는 것입니다. 자신의 불행을 고쳐보려고 자기 힘을 다하여 어떤 일을 시도합니다. 그것도 지금으로 지금과 싸우는 것입니다.

이제 전통에 항상의 화살을 채웁시다. 한 그리스도인이 불행합니다. 그는 성경으로 도망합니다. 지금을 항상으로 싸우는 것입니다. 영혼 구령으로 피합니다. 지금을 항상으로 싸우는 것이지요. 하나님과의 교제로 도피합니다. 지금을 항상으로 대처하는 것입니다. 하나님의 뜻으로 달아납니다. 지금을 항상으로 싸우는 것입니다. 그가 이렇게 하기 때문에 그는 지금과의 싸움에서 이깁니다. 그의 행복이 회복되게 되는 것입니다.

사단은 우리를 공격할 때 언제나 지금의 것으로 공격합니다. 그는 언제든지 오늘이라는 제단에 내일이라는 기회를 희생시키기 원합니다. 그를 이기는 유일한 길은 우리의 영적 전통에서 영원한 화살을 끄집어내는 것입니다. 우리는 영원한 것으로 그와 싸워야 합니다. 하나님의 말씀이 영원합니다. 기도가 영원합니다. 하나님을 예배하는 것이 영원합니다. 영혼 구령이 영원합니다. 하나님의 뜻이 영원합니다. 사단이 지금으로 하는 공격을 이기려면 우리는 항상 있는 것을 사용해야만 하는 것입니다.

그것이 바로 세속적이란 말이 의미하는 것입니다. 세속적이란 것은 성공을 위해 지금의 것으로 노력하는 것을 의미합니다. 지금의 것을 위해 영원한 것을 회피하는 것입니다. 지금의 것을 읽는 사람은 세속적입니다. 읽는 것이 항상의 것이면 그는 영적일 수 있습니다. 자신의 뜻을 위해 사는 사람은 지금의 죄를 짓는 것입니다. 하나님의 뜻을 위해 사는 사람은 항상의 것을 사용하는 사람입니다.

그래서 영생이란 말은 생명의 길이나 수명만을 의미하지 않습니다. 그것은 생명의 질을 뜻하는 것입니다. 그것은 모든 것을 영원한 것에 맞추고 그것과 비교하는 삶입니다. 예수께서 백합화를 보셨을 때 그것을 영원한 진리를 가르치는데 사용하셨습니다. 참새를 보셨을 때 항상 있는 것을 설명하시는데 사용하셨습니다. 까마귀나 어린 아이의 경우에도 마찬가지입니다. 지금의 것은 언제든지 그의 관심을 영원한 것으로 인도했습니다. 그는 한 나무에서 지금을 보시면서 그 뒤에 계신 항상 있는 분을 보셨습니다. 꽃 한 송이에서 그것을 지으신 항상 계신 이를 보셨습니다. 참새에게서 지금을 보시면서 그것을 돌보시는 항상 있는 분을 보셨습니다. 까마귀에게서 지금을 보시면서 그것을 옷 입히시는 항상 계신 분을 보셨습니다.

영생이란 얼마나 놀라운 생명인지요! 그것은 끝없이 계속되어 왔으며 끝없이 올라가고 끝없이 내려갑니다. 그것은 제한이 없는 생명입니다. 그것은 우리가 영원토록 소유하게 될 뿐만 아니라 우리가 지금 가지고 있는 생명의 질이기도 한 것입니다. 이 영생은 우리가 지금 누릴 수 있는 것이며 또 그것은 영원히 있는 생명입니다.

chapter 7

구원과 율법

7. 구원과 율법

실제적인 의미에서 보면 율법은 사실 범해지기 위해 주어진 것입니다. 이 말은 우리가 율법을 범할 때 하나님이 기뻐하신다거나 우리가 율법을 범하려고 해야 한다거나 율법을 지키려 하지 않아도 된다는 뜻이 아닙니다. 그것은 단지 우리는 율법을 완전히 지킬 수 없다는 말입니다. 율법은 우리로 죄를 깨닫게 하기 위해 주어졌습니다. 그것은 불완전한 우리 옆에 놓여진 완전한 것으로 우리의 불완전함과 우리가 스스로 구원할 수 없음을 깨닫게 하는 것입니다. 그것은 우리로 하여금 하나님께서 예수 그리스도를 통해 우리에게 주신 구원으로 나아가게 만듭니다. 이번 장에서는 구원받지 못한 사람과 구원받은 사람에 대한 율법의 목적을 생각하도록 하겠습니다.

1. 율법은 우리가 저주 아래 있음을 보여주기 위해 주신 것입니다.

갈라디아서 3:10, 13, “무릇 율법 행위에 속한 자들은 저주 아래 있나니 기록된바 누구든지 율법책에 기록된 대로 온갖 일을 항상 행하지 아니하는 자는 저주 아래 있는 자라 하였음이라. 그리스도께서 우리를 위하여 저주를 받은바 되사 율법의 저주에서 우리를 속량하셨으니 기록된 바 나무에 달린 자마다 저주 아래 있는 자라 하였음이라.” 율법이 주어지기 이전에도 사람은 죄인이었습니다. 그러나 우리의 죄를 분명히 드러내고 지적하기 위해 율법이 온 것입니다. 사람은 자신의 죄로 인해 에덴동산에서 저주 아래 놓여졌습니다. 그러나 사람이 자기 위에 있는 저주를 항상 깨닫고 분명하게 알게 하며 또 자신이 스스로 자신을 구원하기에는 무능한 것을 깨닫게 하기 위해 율법이 필요했던 것입니다.

2. 율법은 죄를 드러내기 위해 주어졌습니다.

로마서 7:7, 9, "그런즉 우리가 무슨 말 하리요? 율법이 죄냐? 그럴 수 없느니라. 율법으로 말미암지 않고는 내가 죄를 알지 못하였으니 곧 율법이 탐내지 말라 하지 아니하였더면 내가 탐심을 알지 못하였으리라. 전에 법을 깨닫지 못할 때에는 내가 살았더니 계명이 이르매 죄는 살아나고 나는 죽었도다."

로마서 3:19-20, "우리가 알거니와 무릇 율법이 말하는 바는 율법 아래 있는 자들에게 말하는 것이니 이는 모든 입을 막고 온 세상으로 하나님의 심판 아래 있게 하려 함이니라. 그러므로 율법의 행위로 그의 앞에 의롭다 하심을 얻을 육체가 없나니 율법으로는 죄를 깨달음이니라."

야고보는 율법을 거울에다 비유했습니다. 거울은 씻어주지 못합니다. 단지 씻어야 할 필요를 보여줄 뿐입니다. 야고보서 1:23하-24, "그는 거울로 자기의 생긴 얼굴을 보는 사람과 같으니 제 자신을 보고 가서 그 모양이 어떠한 것을 곧 잊어버리거니와."

최근에 나는 맥도널드 식당에 들른 적이 있습니다. 매운 겨자 소스와 함께 부스러기 닭튀김(Chicken McNuggets)을 시켰습니다. 내 생각에는 내가 겨자를 옷에 묻히지 않으려고 매우 조심스러웠다고 생각합니다. 사실 나는 스스로 자신의 조심성과 단정함에 꽤 자부심을 느끼고 있습니다. 내가 사무실로 돌아왔을 때 면도를 하기 위하여 세면장에 갔습니다. 거울을 보았을 때 흰 셔츠에 겨자가 묻어 있는 것을 발견했습니다. 칼라에 가까운 부분에 떨어져 있어서 그냥 내려 봐서는 보이지 않아 알지를 못한 것이었습니다. 내가 더럽혀진 것을 보여 준 것은 거울이었습니다. 즉시 셔츠를 바꿔 입었습니다. 자, 보십시오! 거울은 셔츠를 깨끗하게도 바꿔 주지도 못했습니다. 거울이 한 일은 내가 더럽혀졌기 때문에 셔츠를 갈아 입어야 될 것을 보여준 것뿐이었습니다.

수년 전에 우리 큰 딸 베키가 아기였을 때 하루 저녁은 베키가 우유를 한 병 다 먹은 것을 보고 내가 안고 트림을 시켰습니다. 설교하러 가기 직전이었고 이미 짙은 감색 양복을 입고 있었습니다. 그 양복은 새로 맞춘 것으로 매우 마음에 드는 것이었습니다. 솔직히 나는 그날 밤 내가 꽤 멋있다고 생각을 했습니다. 설교할 곳으로 가면서 약을 사려고 가게에 들렀습니다. 복도를 걸어가는데 사람들이 나를 쳐다보고 있는 것을 느끼게 되었습니다. 그렇지만 나는 내가 입고 있는 새 양복 때문이겠거니 하고 신경을 쓰지 않았습니다. 약국에 들어갔을 때 보는 사람마다 이상한 눈으로 나를 주시하였습니다. 그래도 나는 놀라지 않았습니다. 그것이 참 멋있는 양복이었기 때문이지요. 값을 지불하려고 계산대에 갔을 때 거기 있던 점원이 말했습니다. “선생님, 오른쪽 어깨에 우유같은 것이 온통 묻어 있는 것을 알고 계십니까?” 거울로 달려가 보았습니다. 베키가 나의 어깨에 신 우유를 잔뜩 토해 놓은 것을 알게 되었습니다. 자, 거울이 내 어깨의 우유를 깨끗하게 하는 것이 아닙니다. 단지 나의 상태가 어떤지 보여줄 뿐이지요. 나는 나를 깨끗케 해줄 수 있는 어떤 곳으로 달려가야 했습니다.

이것이 율법의 목적입니다. 율법은 우리에게 우리의 상태를 보여주는 거울입니다. 우리가 그대로 있으면 안된다는 것과 그래서 구원을 위하여 예수 그리스도께 달려가야 하는 것을 보여주는 것입니다.

바울은 다림줄을 예로 들어 이야기합니다. 다림줄은 끝에 무거운 돌이나 물체를 단 긴 사슬이나 밧줄을 말합니다. 그 줄에 무거운 물체를 밑에 달고 건물 벽의 위쪽에 내려집니다. 이렇게 하면 그 줄은 매우 바르게 됩니다. 이렇게 하는 목적은 그 벽의 상태를 보기 위함이지요. 그 벽이 구부러졌다면 다림줄로 잴 때 분명히 알 수 있습니다. 육안으로 그냥 볼 때 벽이 바른 듯하여도 다림줄로 재면 구부러진 것을 금방 알 수 있습니다. 다림줄이 벽을 고쳐주지 않습니다. 다림줄은 벽을 고쳐야 할 필요를 보여줄 뿐이지요. 목수가 수리를 하든지 다시 세우든지 하게 되겠지요. 율법은 다림줄입니다. 그것이 우리를 바르게 해주지 못합니다. 우리가 구부러진 것을 보여주며 우리를 바르게 하실 수 있는 유일한 분이신 그리스도께로 가게 해줄 뿐입니다.

3. 율법은 우리를 그리스도께로 인도합니다.

갈라디아서 3:24-25, "이같이 율법이 우리를 그리스도에게로 인도하는 몽학선생이 되어 우리로 하여금 믿음으로 말미암아 의롭다 함을 얻게 하려 함이니라. 믿음이 온 후로는 우리가 몽학선생 아래 있지 아니하도다." 바울은 율법을 몽학선생이라고 불렀습니다. 몽학선생은 학생들을 모아서 안전하게 학교에 데려다 주는 사람입니다. 학생들이 학교에 도착하면 몽학선생은 집에 돌아와 하루 종일 기다렸다가 다시 학교에 가서 아이들을 집에까지 안전하게 데려옵니다. 율법은 몽학선생입니다. 그것은 우리를 선생이신 그리스도께로 데려다줍니다. 율법은 가르치지 않습니다. 단지 우리를 선생에게로 데려다줄 뿐입니다.

율법은 진단자입니다. 우리를 진단하고 필요를 보여줍니다. 진단서를 보고 치료해 주는 것은 은혜입니다. 율법을 지키는 것이 치료하지 못합니다. 단지 그것은 진단해 주고 필요가 있음을 알려 주며 우리를 그리스도께로 인도해 줍니다. 바울은 율법이 없었다면 자기는 죄를 알지 못했을 것이라고 합니다. "율법으로 말미암지 않고는 내가 죄를 알지 못하였으리니"(로마서 7:7하).

4. 율법은 구원하지 못합니다.

갈라디아서 2;16, "사람이 의롭게 되는 것은 율법의 행위에서 난 것이 아니요 오직 예수 그리스도를 믿음으로 말미암는 줄 아는 고로 우리도 그리스도 예수를 믿나니 이는 우리가 율법의 행위에서 아니고 그리스도를 믿음으로서 의롭다 함을 얻으려 함이라. 율법의 행위로써는 의롭다 함을 얻을 육체가 없느니라."

5. 율법은 구원받는 일을 돕지도 못합니다.

갈라디아서 3:1-3, "어리석도다 갈라디아 사람들아. 예수 그리스도께서 십자가에 못 박히신 것이 너희 눈 앞에 밝히 보이거늘 누가 너희를 꾀더냐? 내가 너희에게 다만 이것을 알려 하노니 너희가 성령을 받은 것은 율법의 행위로냐, 듣고 믿음으로냐? 너희가 이같이 어리석으냐? 성령으로 시작하였다가 이제는 육체로 마치겠느냐?"

사람이 율법으로 자신을 시험해 보고 그것에 자신을 비교해 봅니다. 지키려고 시도해 보지만 불가능한 것을 알게 됩니다. 그리고 그는 예수 그리스도가 유일하신 구주이심을 깨닫고 그에게 달려가 구원을 얻습니다. 구원에 관하여 율법이 하는 일은 그것뿐입니다.

로마서 10:4, “그리스도는 모든 믿는 자에게 의를 이루시기 위하여 율법의 마침이 되시느니라.” 그러나 그 말은 그리스도인이 율법과는 끝이 났다는 말은 아닙니다. 구원에 관하여는 그리스도인은 더 이상 율법에 매이지를 않습니다. 그리스도께서 마침이 되셨습니다. 그러나 우리가 구원을 받으면 우리는 율법으로 돌아와서 그리스도께 대한 사랑으로 율법을 순종하려고 하는 것입니다. 구원을 얻기 위해서가 아니라 구원을 받은 감사로 그렇게 하는 것입니다.

오래전 노예를 부리던 시절에 남부에서 있었던 일입니다. 어느 날 한 노예 시장에 노예 한 사람이 경매에 부쳐졌습니다. 이 노예는 튼튼하고 일을 잘하는 여자 노예였습니다. 경매인이 그 노예를 경매대에 세워 놓고 값을 부르게 했습니다. 경매가 시작되었습니다. 한 남자가 특별히 그 노예에게 관심이 있는 듯했습니다. 그 사람이 계속 값을 불렀습니다. 값은 계속하여 올라갔습니다. 그 남자는 이 젊은 여자 노예를 사기로 작정을 한 것처럼 보였습니다. 그 노예는 그 남자에 대해 악감을 품게 되었고 그를 증오에 찬 눈으로 보았습니다. 그렇지만 그 사람은 계속하여 그녀를 사고자 값을 불렀습니다. 드디어는 그 노예가 그에게 욕을 하기 시작했습니다. 그래도 그는 굽히지 않고 자신의 목적을 이루고자 하였습니다. 드디어 아무도 더 이상 값을 부르지 않았습니다. 그녀는 그 사람의 소유가 되었습니다. 그가 경매인에게 값을 치르자 그 여자는 더욱 격렬히 그를 저주하기 시작했습니다. “나는 너와 같이 가지 않겠어! 너 같은 사람은 싫어! 나는 네가 밉단 말이야! 나는 너의 노예가 되고 싶지 않아!” 하면서 그녀가 외쳤습니다. 그 사람이 조용히 그 검은 여인을 보면서 말했습니다. “아가씨, 이해하지 못하시는군요. 나는 오늘 아가씨에게서 아가씨가 자유롭게 되어야 할 어떤 자격 같은 것을 보았습니다. 나는 자유롭게 해드리려고 아가씨를 사려고 작정한 것입니다. 당신을 데려가서 노예를 삼지 않을 것입니다. 내가 아가씨를 샀습니다. 아가씨는 내 것이지요. 이제 내가 당신을 해방시켜 드립니다.” 이 젊은 여인은 잠시 동안 말없이 믿을 수 없다는 듯이 서 있었습니다. 그리고는 눈물이 가득하여서 자신을 산 사람 앞에 무릎을 꿇었습니다. 그리고 그를 바라보면서 말했습니다. “오, 선생님, 나를 자유롭게 하시려고 사 주셨군요. 이제 나는 영원히 당신의 노예가 되겠습니다.”

이 이야기는 우리와 율법과의 관계를 잘 설명해 줍니다. 우리는 율법에 매여 있었습니다. 그것의 노예였던 것입니다.

예수께서 말씀하셨습니다. “내가 너희를 자유롭게 하려고 너희를 샀노라.” 그때 우리가 주님께 말씀드리게 됩니다. “그렇다면 저는 최선을 다하여 주께서 기뻐하시는 일을 순종하겠습니다.” 주님께서 말씀하시지 않으셨습니까? “나를 사랑하는 자는 내 계명을 지킬 것이요.” 이 말씀은 우리가 구원을 받기 위해 계명을 지킨다는 것이 아닙니다. 구원받은 것을 감사하기 때문에 우리 주님의 발 앞에 부복하고 “예수님, 당신을 사랑합니다. 당신과 당신의 계명에 순종하겠습니다"라고 말씀드리는 것을 말합니다. 구원을 받고 율법에서 자유함을 얻은 사람이라도 살인하지 말라는 등의 말씀을 순종해야 하지 않습니까? 우리가 율법 아래 있지 아니하다고 해서 우리가 율법과 더 이상 관계가 없다는 말이 아닙니다! 율법이 구원의 수단이 되지는 못해도 주님을 향한 우리의 사랑을 보여줄 수 있는 훌륭한 수단입니다.

로마서 3:31, "그런즉 우리가 믿음으로 말미암아 율법을 폐하느뇨? 그럴 수 없느니라. 도리어 율법을 굳게 세우느니라."

로마서 10:4, "그리스도는 모든 믿는 자에게 의를 이루기 위하여 율법의 마침이 되시느니라."

그러면 이제는 율법이 어떻게 믿는 자들에게 영향을 주는지 살펴 봅시다.

1. 구원받은 후에도 죄는 하나님의 말씀에 따라 결정됩니다.

로마서 6:13, "또한 너희 지체를 불의의 병기로 죄에게 드리지 말고 오직 너희 자신을 죽은 자 가운데서 다시 산 자같이 하나님께 드리며 너희 지체를 의의 병기로 하나님께 드리라." 그리스도께 나오는 것이 우리에게 죄의 면허증을 주는 것이 아닙니다. 그것은 오히려 죄를 더 크게 증오하게 하며 하나님을 기쁘시게 하고 주님을 향한 우리의 사랑과 감사를 보여 드리기 위하여 의로운 삶을 살고자 하는 소원을 갖게 합니다.

2. 예수께서는 죄에게로(To Sin)가 아니라 죄로부터(From Sin) 우리를 자유케 하셨습니다.

3. 죄는 여전히 불법입니다.

요한일서 4:3, "죄를 짓는 자마다 불법을 행하나니 죄는 불법(율법을 침해하는 것: Transgression of the Law-역자 주)이라."

4. 우리가 구원을 받을 때 하나님은 죄를 율법을 거스리는 것에서 양심을 거스리는 것으로 바꾸시지 않았습니다.

우리가 구원받을 때 하나님은 "성경을 창밖으로 던져 버리지" 않으십니다. 그리스도의 명령에 순종하는 것이 구원을 위하여는 필요치 않다 해도 그리스도인으로 살아가는 것과 행복을 위하여는 필요한 것입니다. 구원이 우리가 의를 행할 필요가 없도록 해주지 않습니다. 구약성경에서 살인을 미워하신 하나님이 신약성경에서도 살인을 미워하십니다. 구약에서 간음을 미워하신 하나님은 신약에서도 간음을 미워하십니다. 율법이 백지화된 것이 아닙니다. 그 목적만 바뀌었을 뿐입니다. 전에는 그것이 우리에게 그리스도가 필요함을 보여주는 거울이었지만 이제는 우리의 사랑을 그분에게 보여주는 도구입니다. 구원을 받을 때 율법에서 자유케 되었다는 말은 각자가 자신에게 법이 되어서 옳고 그른 것을 스스로 결정하게 되었다는 말이 아닙니다. 옳은 것은 언제나 옳은 것입니다. 그른 것은 언제나 그른 것입니다. 옳고 그름에 대한 하나님의 생각은 말라기와 마태복음 사이에서 변하지 않았습니다.

5. 사실, 예수께서는 율법을 강화하셨습니다.

마태복음 5장을 간단하게만 보아도 사랑의 율법이 기록된 율법을 초월하는 것임을 알 수 있습니다. 주 예수님께서는 우리에게 율법이 간음하지 말라고 한 것을 상기시키시면서 그는 우리가 깨끗지 못한 생각으로 여인을 보아서도 안된다고 하셨습니다. 그는 우리의 의가 율법의 엄격한 준수자들인 바리새인과 사두개인의 의보다 나아야 한다고 하셨습니다. 그는 십 리까지 가주는 것을 말씀하셨습니다. 사랑은 율법보다 더 뜨겁게 섬기게 하는 것입니다. 사랑은 율법보다 더 많은 것을 드리게 합니다. 사랑은 율법보다 더 많은 것을 희생하게 합니다.

6. 율법은 여전히 유익한 것입니다.

디모데후서 3:16-17, "모든 성경은 하나님의 감동으로 된 것으로 교훈과 책망과 바르게 함과 의로 교육하기에 유익하니 이는 하나님의 사람으로 온전케 하며 모든 선한 일을 행하기에 온전케 하려 함이니라." 여기서 바울이 디모데에게 "모든 성경은 교훈과 책망과 바르게 함과 의로 교육하기에 유익하다" 하신 것을 보십시오. "모든 성경"에는 로마서가 들어갑니다. 요한복음도 들어갑니다. 갈라디아서도 포함됩니다. 그리고 "모든 성경"에는 창세기, 출애굽기, 레위기, 민수기, 신명기, 여호수아, 사사기, 룻기, 사무엘상 하, 열왕기상 하 등도 포함됩니다. 구원을 위하여는 우리가 율법 아래 있지 않다 해도 그리스도에 대한 우리의 사랑을 나타내는 데는 율법이 훌륭한 도구임이 틀림없습니다.

여기에서 우리는 시대를 구분하는 것이 야기한 어떤 오해를 생각해 볼 수 있습니다. 사람들은 율법시대와 은혜시대를 이야기합니다. 어떤 이들이 구약에서 사람들은 율법을 지켜서 구원을 받았고 신약에서는 은혜로 구원받는다고 잘못 말합니다. 아무 것도 진리에서 이보다 더 멀 수 없습니다! 아담과 하와는 은혜로 구원을 받았습니다. 모든 구약의 성도들이 은혜로 구원받았습니다. 구약성경의 율법의 목적은 신약성경에서의 그것과 같습니다. 죄를 더욱 죄 되게 하고 율법을 지켜서는 우리가 스스로 구원할 수 없는 우리의 무능력을 보여주는 것입니다. 율법이 있기 전에도 세월이 있었다는 것을 기억하십시오. 율법이 아직 주어지지 않은 때도 있었다는 말입니다. 그때도 죄는 죄였습니다. 그러나 이제는 더욱 죄 된 것입니다.

우리는 종종 조심스럽게 신약성경적 기독교의 중요성을 강조합니다. 왜 그냥 "성서적 기독교"라 하지 않습니까? 신약성경을 기록하신 하나님이 구약성경도 기록하셨습니다. 그분은 변하시지 않습니다. 그가 전에 미워하신 것은 여전히 미워하십니다. 그에게 가증스러웠던 것들은 여전히 가증스러워 하십니다. 그는 결코 변치 않으십니다.

말라기 3:6, "나 여호와는 변역지 아니하나니 그러므로 야곱의 자손들아 너희가 소멸되지 아니하느니라." 그는 항상 같은 것을 좋아하시고 같은 것을 싫어하십니다.

레위기 18:22, "너는 여자와 교합함 같이 남자와 교합하지 말라 이는 가증한 일이니라." 우리는 여기서 동성연애를 하나님이 가증스럽게 보시는 것을 알 수 있습니다. 이것이 여전히 가증한 것이라고 생각하십니까? 아니면 그것이 구약성경에서 하신 말씀이기 때문에 더 이상 진리가 아닌

가요?

신명기 7:25, “너는 그들의 조각한 신상들을 불사르고 그것에 입힌 은이나 금을 탐내지 말며 취하지 말라. 두렵건대 네가 그것으로 인하여 올무에 들까 하노니 이는 네 하나님 여호와의 가증히 여기시는 것이니라.” 여기서는 우상숭배가 하나님이 미워하시는 것이라고 말씀합니다. 신구약이 바뀌었다고 우상숭배가 이제는 하나님이 받으실 만한 것이 되었다고 생각하십니까? 아닙니다! 구약에서 하나님께 가증했던 것은 신약에서도 하나님께 가증한 것입니다.

잠언 3:32, “대저 패역한 자는 여호와의 미워하심을 입거니와 정직한 자에게는 그의 교통하심이 있으며”.

잠언 11:20, “마음이 패려한(정직하지 못한) 자는 여호와의 미움을 받아도 행위가 온전한 자는 그의 기뻐하심을 받느니라.” 보세요. 마음이 패려한 자는 하나님께서 미워하십니다. 물론 구약에서 하시는 말씀입니다. 하나님께서 갑자기 마태복음 첫 장에서 정직하지 못한 것을 받아 주시리라 생각하십니까? 아닙니다. 정직하지 못한 것을 구약에서 미워하신 하나님은 신약에서도 그것을 미워하십니다!

잠언 6:16-19, “여호와의 미워하시는 것 곧 그 마음에 싫어하시는 것이 육칠 가지니 곧 교만한 눈과 거짓된 혀와 무죄한 자의 피를 흘리는 손과 악한 계교를 꾀하는 마음과 빨리 악으로 달려가는 발과 거짓을 말하는 망령된 증인과 및 형제를 이간하는 자니라.” 여기에 하나님이 미워하시는 것들의 리스트가 있습니다. 주의하여 읽어 보십시오! 아직도 그것들을 하나님이 미워하시리라 생각지 않으십니까? 전에 미워하신 그것들을 지금은 하나님이 좋아하시겠습니까? 아닙니다! 하나님의 도덕률은 결코 변하지 않으십니다! 율법과 사람의 관계는 바뀔 수 있지만 하나님이 전에 미워하시던 것은 지금도 미워하십니다! 많은 사람들이 율법을 구원의 도구로 사용하기 때문에 율법은 나쁜 평판을 많이 받아 왔습니다. 율법을 나쁜 것으로 생각했기 때문에 율법에 대해 사실이 아닌 이야기를 많이 퍼뜨려 왔습니다! 율법을 바른 목적으로 사용할 때 여전히 선한 것입니다.

신명기 22:5, "여자는 남자의 의복을 입지 말 것이요 남자는 여자의 의복을 입지 말 것이라. 이같이 하는 자는 네 하나님 여호와께 가증한 자니라." 하나님께서 동성연애나 나체주의나 우상숭배 그리고 정직하지 못한 것과 같이 미워하시는 것이 여기에 있습니다. 같은 단어 "가증한"이 쓰였습니다. 남자같이 옷 입는 여자나 여자같이 옷 입는 남자에 대한 하나님의 마음입니다. 하나님은 살인, 간음, 부정직, 동성연애에 대하여는 마음을 변하시지 않으시면서 남자와 여자가 옷을 같이 입는 것에 대하여는 마음을 바꾸셨겠습니까? 그럴 수 없지요! 구약에서 여자가 남자같이 옷 입는 것을 원치 않으신 하나님은 신약에서도 여자가 남자같이 옷 입는 것을 원치 않으십니다.

때때로 우리는 사람들이 십일조가 구약에 속한 것이라 하여 우리는 십일조를 할 필요가 없다고 말하는 것을 듣습니다. 글쎄요, "살인하지 말라"는 말도 구약에서 하는 말이 아닙니까? 그것이 구약에서 한 말이니 우리는 살인해도 좋다는 것인가요? 구약에서 하나님은 그의 백성들에게 소득의 십 분의 일을 그분께 가져오라 하셨습니다. 하나님께서 늙으셔서 심경의 변화를 일으키시지 않으셨습니다. 그리고 그의 계명도 변치 않으며 율법도 변하지 않습니다! 율법의 목적은 변합니다. 처음에 율법의 목적은 우리를 그리스도께로 데려오는 것이었습니다. 우리가 그분께 왔을 때 그분이 우리의 의를 위하여 율법의 마침이 되셨습니다. 그러나 사랑의 표현이나 순종이나 주님의 사역에서의 성공이나 행복을 위해 마침이 된 것은 아닙니다.

7. 신약성경의 거룩은 구약성경의 율법을 근거로 하고 있습니다.

베드로전서 14:14-16, “너희가 순종하는 자식처럼 이전 알지 못하던 때에 좇던 너희 사욕을 본 삼지 말고 오직 너희를 부르신 거룩하신 자처럼 너희도 모든 행실에 거룩한 자가 되라 기록하였으되 내가 거룩하니 너희도 거룩할지어다 하셨느니라.” 이 말씀을 레위기 11:44과 비교해 보십시오. “나는 여호와 너희 하나님이라. 내가 거룩하니 너희도 몸을 구별하여 거룩하게 하고 땅에 기는바 기어 다니는 것으로 인하여 스스로 더럽히지 말라.” 신약성경이 말하는 거룩은 구약성경의 이 말씀을 근거로 하고 있음을 보게 됩니다.

고린도후서 6:14-18, “너희는 믿지 않는 자와 멍에를 같이 하지 말라. 의와 불법이 어찌 함께하며 빛과 어두움이 어찌 사귀며 그리스도와 벨리알이 어찌 조화되며 믿는 자와 믿지 않는 자가 어찌 상관하며 하나님의 성전과 우상이 어찌 일치가 되리요? 우리는 살아계신 하나님의 성전이

라. 이와 같이 하나님께서 가라사대 내가 저희 가운데 거하며 두루 행하여 나는 저희 하나님이 되고 저희는 나의 백성이 되리라 하셨느니라. 그러므로 주께서 말씀하시기를 너희는 저희 중에서 나와서 따로 있고 부정한 것을 만지지 말라. 내가 너희를 영접하여 너희에게 아버지가 되고 너희는 내게 자녀가 되리라 전능하신 주의 말씀이니라 하셨느니라."

신명기 7:2-7을 보십시오. "네 하나님 여호와께서 그들을 네게 붙여 너로 치게 하시리니 그때에 너는 그들을 진멸할 것이라. 그들과 무슨 언약도 하지 말 것이요 그들을 불쌍히 여기지도 말 것이며 또 그들과 혼인하지 말지니 네 딸을 그 아들에게 주지 말 것이요 그 딸로 네 며느리를 삼지 말 것은 그가 네 아들을 유혹하여 그로 여호와를 떠나고 다른 신들을 섬기게 하므로 여호와께서 너희에게 진노하사 갑자기 너희를 멸하실 것임이니라. 오직 너희가 그들에게 행할 것은 이러하니 그들의 단을 헐며 주상을 깨뜨리며 아세라 목상을 찍으며 조각한 우상들을 불사를 것이니라. 너는 여호와 네 하나님의 성민이라. 네 하나님 여호와께서 지상 만민 중에서 너를 자기 기업의 백성으로 택하셨나니 여호와께서 너희를 기뻐하시고 너희를 택하심은 너희가 다른 민족보다 수효가 많은 연고가 아니라 너희는 모든 민족 중에 가장 적으니라."

신명기 22:6-12, "노중에서 나무에나 땅에 있는 새의 보금자리에 새 새끼나 알이 있고 어미 새가 그 새끼나 알을 품은 것을 만나거든 그 어미 새와 새끼를 아울러 취하지 말고 어미는 반드시 놓아 줄 것이요 새끼는 취하여도 가하니 그리하면 네가 복을 누리고 장수하리라. 네가 새 집을 건축할 때에 지붕에 난간을 만들어 사람으로 떨어지지 않게 하라. 그 피 흐른 죄가 네 집에 돌아갈까 하노라. 네 포도원에 두 종자를 섞어 뿌리지 말라. 그리하면 네가 뿌린 씨의 열매와 포도원의 소산이 다 빼앗김이 될까 하노라. 너는 소와 나귀를 겨리하여 갈지 말며 양털과 베실로 섞어 짠 것을 입지 말지니라. 입는 겉옷 네 귀에 술을 만들지니라."

이사야서 52:11, "너희는 떠날지어다. 떠날지어다. 거기서 나오고 부정한 것을 만지지 말지어다. 그 가운데서 나올지어다. 여호와의 기구를 메는 자여 스스로 정결케 할지어다." 바울도 신약성경의 성별의 기초와 논거를 구약성경에 두었음을 주의 깊게 생각해 보십시오.

율법을 인해 하나님께 감사합시다! 그것이 내게 나 스스로는 자신을 구원하기에 무능함을 보여주고 나를 그리스도께로 인도했습니다. 주님은 나를 위해 의를 이루시려고 율법의 마침이 되셨습니다. 그러나 또한 하나님께 감사합시다! 율법이 여전히 있어서 내가 주님께 "내가 당신을 사랑합니다!"라고 고백할 수 있는 많은 방편을 제공해 주고 있습니다.

chapter 8

구원은 구원받는 것 이상이다

8. 구원은 구원받는 것 이상이다.

요한복음 16:12, "내가 아직도 너희에게 이를 것이 많으나 지금은 너희가 감당치 못하리라."

로마서 8:32, "자기 아들을 아끼지 아니하시고 우리 모든 사람을 위하여 내어주신 이가 어찌 그 아들과 함께 모든 것을 우리에게 은사로 주지 아니하겠느뇨?"

시편 51:12, "주의 구원의 즐거움을 내게 회복시키시고 자원하는 심령을 주사 나를 붙드소서."

최근에 어떤 분이 내게 말했습니다. "오, 이 어린 그리스도인들이 그들의 즐거움을 지킬 수만 있다면 얼마나 좋을까요!"

내가 그에게 말했습니다. "지킬 수 있습니다."

그가 다시 말했습니다. "그러면 왜 그렇게 하지 않습니까?"

물론 구원의 즐거움을 잃는 데는 이유가 있습니다. 우리가 그리스도를 영접할 때 우리는 구원을 받게 되고 그 사실을 인하여 즐거워하게 됩니다. 그때 어쩌면 우리는 그 기쁨이 영원히 있을 것으로 생각할 수 있습니다. 당연히 그것이 그러해야 합니다. 그러나 하나님은 우리가 어떻게 지어졌는지 아십니다. 주님은 사람이 오랜 기간 동안 같은 자극에 같이 반응하기가 어렵다는 것을 아십니다. 그래서 하나님께서는 구원 안에다 자신이 가지신 보석을 다 포함시켜서 우리가 그것을 한 번에 하나씩 발견하면서 우리의 즐거움이 계속되게 하셨습니다. 주님은 구원받을 그 때에 모든 것을 우리에게 선물로 주십니다.

다시 로마서 8:32을 봅시다. "자기 아들을 아끼지 아니하시고 우리 모든 사람을 위하여 내어주신 이가 어찌 그 아들과 함께 모든 것을 우리에게 은사(gift, 선물)로 주지 아니하시겠느뇨?" 그러나 이 모든 것이 한꺼번에 발견되어지는 것은 아닙니다.

수년 전에 내가 심한 독감에 걸린 적이 있습니다. 누가 내게 시간 지속형 캡슐(time release capsules)이라 불리는 콘택 캡슐을 몇 개 주었습니다. 그 캡슐 안에는 많은 콘택 작은 알갱이들이 들어 있었습니다. 그런데 이 알갱이들은 여러 가지 정도의 두께로 싸여 있어서 녹으면서 그 효력을 내게 되어 있었습니다. 하나가 효력을 잃을 때가 되면 다른 하나가 발휘할 준비가 됩니다. 이 과정은 계속되어 약효가 주기적으로 나의 체내에서 작용하게 됩니다. 구원은 대체로 이와 같습니다. 구원받을 때 하나님은 그의 큰 선물 안에 모든 것을 우리에게 포함시켜 주십니다. 그러나 그는 우리가 계속하여 즐거움을 누릴 수 있게 하시려고 한 번에 하나씩 그것들을 발견케 하십니다.

한 번은 어떤 이가 내게 아름다운 포장지로 싼 상자를 주었습니다. 그것을 열어 보니 그 안에 또 다른 포장지로 싼 것이 나왔습니다. 그것을 열었더니 또 마찬가지로 아름답게 포장지로 싼 꾸러미가 나왔습니다. 이렇게 열기를 일곱 번이나 한 후에 선물을 얻을 수 있었습니다. 구원은 한 아름다운 꾸러미 속에 모든 것이 우리에게 다 주어진 것입니다. 그것을 열고 그 가운데 하나씩 즐기게 되는 것입니다. 이것이 우리를 즐거워하게 만듭니다. 그렇지만 똑같은 자극은 때때로 지루해지기 때문에 하나님은 다른 것을 주셔서 그것을 열 때 구원의 다른 면을 보게 하시는 것입니다. 그리고 우리의 기쁨이 시들해지면 다른 것이 또 주어지게 되는 것입니다. 그 후에 또 다른 것, 또 다른 것, 이렇게 계속되는 것입니다.

우리가 처음 구원을 받을 때 우리는 지옥이 아니고 천국을 갈 것이라는 사실 때문에 크게 기뻐할 수 있었습니다. 나중에 하나님이 "내가 다른 선물을 하나 주노라" 하시면서 그리스도 안에는 성령이 내주하시고 계신 것을 알게 합니다. 우리는 그것을 기뻐합니다. 그 다음에 주님은 또 다른 선물을 주십니다. 이제는 기도가 응답되는 것을 배웁니다. 다시 우리는 크게 기뻐합니다. 오, 구원에는 각각 다른 많은 면들이 있습니다. 모두가 아름다운 것이며 시간 지속형 캡슐로 되어 있어서 항상 우리가 그것의 기쁨을 누리게 됨으로 구원이 우리에게 더욱 사랑스러운 것이 되게 하는 것입니다.

오래 전에 나는 탈 것이 많은 놀이공원에 갔습니다. 입장권을 산 후에 그곳에 들어갔습니다. 조금 후에 내가 타고 싶은 곳에 이르렀습니다. 그것을 보는 사람에게 가서 그것을 타는데 얼마냐고 물었습니다. 그가 말했습니다. "선생님, 입장권을 사셨을 때 이 놀이공원에 있는 모든 탈 것의 값을 다 내셨습니다."

나의 50회 생일은 월요일이었습니다. 나의 딸 신디와 린다가 아직 결혼하기 전이었습니다. 그들은 내가 먼 주(州)에 설교 계획이 있어서 비행기를 타야 했기 때문에 그 날이 즐겁지 못한 생일이 될까 봐 염려했습니다. 그래서 그들은 한 가지를 생각해 내었습니다. 내가 비행장으로 떠나기 전에 그들은 큰 봉투 하나를 내게 주었습니다. 그 봉투 속에는 많은 선물들이 있었습니다. 그들은 내게 한 시간에 하나씩 하루 종일 뜯어 보라고 했습니다. 이 모든 선물들은 한 봉투에 들어 있었습니다. 그들은 내가 그것들을 한 시간에 하나씩 뜯어 보면 나의 생일날 종일 나를 기쁘게 할 수 있고 우울하게 되는 것을 방지할 수 있겠다고 생각했던 것입니다.

수년 전에 내가 비행기를 타고 있었습니다. 내 앞에는 한 노신사가 앉아 있었는데 꼭 심장마비를 일으켰던 사람처럼 보이는 분이었습니다. 그가 너무도 힘이 없어 보여서 비행기를 무사히 탈 수 있을 것처럼 보이지 않았습니다. 비행기가 이륙한 후에 조금 있다가 여승무원이 와서 그가 점심을 원하는지 물었습니다. 그는 원치 않는다고 대답했습니다. 잠시 후에 그녀가 다시 와서 물었습니다. "정말 점심을 드시지 않겠어요?"

그 노신사가 그녀를 쳐다보며 물었습니다. "점심값은 얼맙니까?"

그녀는 "선생님, 점심은 비행기 삯에 이미 포함되었습니다. 커피와 차도 마찬가지입니다." 그 노신사의 얼굴에 큰 미소가 지나갔습니다. 그리고는 말했습니다. "그렇다면 기꺼이 먹어야지." 여승무원이 멀어지는 데도 그는 비행기 삯에 행선지로 데려주는 것 외에 더 포함된 것이 있음을 기뻐하고 있었습니다.

이 이야기들은 로마서 8:32을 설명해 주는 몇 가지 예화들일 뿐입니다. “자기 아들을 아끼지 아니하시고 우리 모든 사람을 위하여 내어주신 이가 어찌 그 아들과 함께 모든 것을 우리에게 은사(선물)로 주지 아니하시겠느뇨?” 하나님은 우리의 남은 생애의 매 시간마다 축복을 누리게 하실 계획을 하셨습니다. 구원의 모든 것이 입장권과 함께 주어졌습니다. 구원이란 천국행 열차만을 의미하지 않습니다. 그것은 놀랍고 훌륭하고 말할 수 없는 행복한 여행입니다. 너무나 많은 축복들이 티켓과 함께 주어진 것입니다. 예레미야가 “이것이 아침마다 새롭다”고 한 것이 전혀 놀랄 일이 아닙니다. 어떤 분이 “저 높은 곳을 향하여 날마다 (조금씩 높이) 나아갑니다” 하고 했다고 놀랄 것이 아닙니다. 그러므로 그리스도인이여, 당신의 꾸러미를 풀기 시작하십시오. 식사를 하세요! 여행을 즐기세요! 탈 것을 타세요! 구원은 구원받는 것만을 의미하지 않습니다. 그것은 하나님께서 큰 꾸러미에 다 싸 놓으신 것입니다. 새로운 자비와 새로운 즐거움과 영광의 땅으로 가는 여행 중에 내내 있을 새로운 감격을 말하는 것입니다.

심리학자들은 크리스마스 밤과 그 다음 날 낮이 일년 중에 가장 우울증 환자가 많은 때라고 합니다. 어떤 사람은 한 걸음 더 나아가 그때에는 자살도 증가한다고까지 말합니다. 나는 우리 교회 성도들에게 그들이 포장지와 상자들에 둘러 싸여 크리스마스 트리 밑에 앉아 그들의 축제가 다 지나간 것을 생각하며 느끼는 크리스마스 휴유증을 없애는데 내가 도울 수 있다고 말합니다. 나는 그들이 크리스마스 아침에 선물들을 다 뜯지 말라고 권고합니다. 크리스마스 오후를 위해 하나, 저녁을 위해 하나, 그 다음 날 아침을 위해 하나 이렇게 남겨 놓는 것입니다. 구원이라 불리는 이 놀라운 하나님의 선물은 하나님의 자비가 아침마다 새롭기 때문에 결코 끝나지 않는 즐거움입니다. 티켓과 함께 너무나 많은 것들이 함께 옵니다. 타고 싶은 것을 타세요. 식사도 하시구요. 계속해서 상자를 여세요. 우리는 구원을 받았습니다. 영생이 있습니다. 이 영생과 함께 너무나 놀라운 것들이 왔습니다. 성령께서 때에 따라 우리에게 보이실 것을 골라 우리의 즐거움이 계속되고 점점 더 깊어지게 하십니다!

chapter 9

구원과 택함

9. 구원과 택함

베드로전서 1:2, "곧 하나님 아버지의 미리 아심을 따라 성령의 거룩하게 하심으로 순종함과 예수 그리스도의 피뿌림을 얻기 위하여 택하심을 입은 자들에게 편지하노니 은혜와 평강이 너희에게 더욱 많을지어다."

에베소서 1:3, "찬송하리로다 하나님 곧 우리 주 예수 그리스도의 아버지께서 그리스도 안에서 하늘에 속한 모든 신령한 복으로 우리에게 복 주시되."

에베소서 1:11, "모든 일을 그 마음의 원대로 역사하시는 자의 뜻을 따라 우리가 예정을 입어 그 안에서 기업이 되었으니."

이 장의 서두에서 한 가지 분명히 해 두어야 할 것이 있습니다. 그것은 저자가 초 칼빈주의(Hyper-Calvinism)와 불가항의 은혜(Irresitible-Grace), 제한 속죄(Limited-Atonement) 등과 같은 잘못된 것들을 지지하지 않는다는 사실입니다. 나는 그리스도께서 모든 사람을 위해 죽으셨으며 사람의 영원한 운명은 그 개인의 손에 있고 천국이나 지옥의 결정도 그 자신의 의지에 따라 스스로 선택하는 것임을 믿습니다. 이 말을 미리 하는 것은 그렇지 않으면 이 장에서 하는 말들을 오해할 수 있을 것 같아서 먼저 말씀을 드리는 것입니다.

구원받은 사람이 처음부터 선택 되어진 것은 사실입니다.

데살로니가후서 2:13, "주의 사랑하시는 형제들아 우리가 항상 너희를 위하여 마땅히 하나님께 감사할 것은 하나님이 처음부터 너희를 택하사 성령의 거룩하게 하심과 진리를 믿음으로 구원을 얻게 하심이니." 그렇지만 이것을 이해하기 위하여는 "처음"의 정의를 내려야만 합니다.

디모데후서 1:9, "하나님이 우리를 구원하사 거룩하신 부르심으로 부르심은 우리의 행위대로 하심이 아니요 오직 자기 뜻과 영원한 때 전(before the world began-세상이 시작되기 전:영어 흠정역-역자 주)부터 그리스도 예수 안에서 우리에게 주신 은혜대로 하심이라."

에베소서 1:4, "곧 창세 전에 그리스도 안에서 우리를 택하사 우리로 사랑 안에서 그 앞에 거룩하고 흠이 없게 하시려고." 그러므로 여기서 우리가 말하는 처음은 "세상이 시작되기 전"을 의미하는 것입니다.

그리고 성경은 믿는 자가 자신의 택함을 굳게 해야 한다고 가르칩니다. 베드로후서 1:10, "그러므로 형제들아 더욱 힘써 너희 부르심과 택하심을 굳게 하라 너희가 이것을 행한즉 언제든지 실족지 아니하리라." 여기서 우리에게 주신 말씀은 우리의 택함을 분명히(굳게) 하라는 것입니다. 하나님께서 우리의 택함을 굳게 해주시는 것이 아닙니다. 그것은 사람에게 주어진 것입니다. 하나님께서는 누가 택함을 입을지를 결정하시지 않으십니다. 사람이 그것을 결정하는 것입니다.

로마서 8:29-30을 보세요. "하나님이 미리 아신 자들로 또한 그 아들의 형상을 본받게 하기 위하여 미리 정하셨으니 이는 그로 많은 형제 중에서 맏아들이 되게 하려 하심이니라. 또 미리 정하신 그들을 또한 부르시고 부르신 그들을 또한 의롭다 하시고 의롭다 하신 그들을 또한 영화롭게 하셨느니라."

1. 하나님께서는 그의 미리 아심(예지)을 따라 구원받는 자들을 택하실 수 있었습니다.

그의 예지를 따라 누가 구주를 영접할 것인지 아셨기 때문에 하나님은 그들을 여러 가지 일에 택하셨습니다. 이 말은 그가 누가 구원받을 것인지 즉 천국에 갈 자와 지옥에 갈 자를 선택하셨다는 것이 아닙니다. 그것은 단지 그의 미리 아심이 하나님으로 선택하게 했고 그의 예지 때문에 그가 선택을 하셨다는 말입니다.

2. 하나님께서는 시간의 구애를 받지 않으십니다.

이것은 대단히 중요합니다! 사람에게는 시간이 매우 밀접한 것이지만 하나님께서는 시간의 구애를 받지 않으십니다. 하나님께는 하루가 천 년 같고 천 년이 하루 같다고 성경이 말씀합니다. 우리에게는 예수님께서 이천 년 전에 죽임을 당하셨지만 하나님께서 보실 때는 창세 이전에 죽임을 당하신 것입니다. 요한계시록 13:8, "(창세 전에) 죽임을 당한 어린 양의 생명책에 창세 이후로 녹명되지 못하고 이 땅에 사는 자들은 다 짐승에게 경배하리라."

성경은 또한 우리가 창세 전에 주님 안에서 택함을 입었다고 말씀합니다.

에베소서 1:4, "곧 창세 전에 그리스도 안에서 우리를 택하사 우리로 사랑 안에서 그 앞에 거룩하고 흠이 없게 하시려고."

다시 한번 강조하거니와 이것은 하나님께서 구원을 받을 자를 선택하셨다는 말이 아닙니다. 그것은 시간을 초월하시는 하나님께서 창세 전부터 누가 구원을 받을 것을 아시면서 단지 구원을 위해서가 아닌 그보다 더 많은 것을 위해 택하셨다는 말입니다. 주님은 그의 예지를 통해 내가 구원받을 것을 미리 보셨습니다. 그가 나를 구원으로(To salvation) 택하신 것이 아니요 구원에서(At salvation) 택하신 것입니다.

모세가 하나님의 백성의 놓임을 구하기 위하여 바로에게 보내심을 받으면서 그는 그를 보내신 분에 대해 바로에게 뭐라고 해야 하는지 주님께 물었습니다. 하나님은 이렇게 대답하셨습니다. "스스로 있는 자가 나를 너희에게 보내셨다 하라"(출애굽기 3:13-14). 하나님은 자신을 스스로 있는 자(I AM THAT I AM)라고 하셨습니다. 하나님은 현제 시재의 하나님이신 것입니다.

하나님의 마음에는 모든 것이 다 한 시에 일어났습니다. 그리스도는 창세 전에 죽임을 당한 어린 양이십니다. 나도 창세 전에 주님을 믿었고 창세 전에 나의 이름이 하늘에 기록되었습니다. 창세 전에 그리스도는 내 안에 들어오셔서 살고 계십니다. 하나님의 마음에서는 이 모두가 다 한꺼번에 일어난 것입니다. 이것은 제한이 있는 우리 사람들에게는 이해하기가 극히 어려운 것입니다.

지금 내 안에 있는 새 성품은 내 안에 계신 그리스도입니다.

골로새서 1:27, "하나님이 그들로 하여금 이 비밀의 영광이 이방인 가운데 어떻게 풍성한 것을 알게 하려 하심이라. 이 비밀은 너희 안에 계신 그리스도니 곧 영광의 소망이니라." 이 새 성품이 그리스도이시기 때문에 그리고 그리스도께서 시간을 초월하시기 때문에 나의 새 성품도 시간을 초월합니다. 이 말은 하나님의 마음에는 내가 그리스도와 함께 십자가에 못 박혔다는 뜻입니다.

갈라디아서 2:20, "내가 그리스도와 함께 십자가에 못 박혔나니 그런즉 이제는 내가 산 것이 아니요 오직 내 안에 그리스도께서 사신 것이라. 이제 내가 육체 가운데 사는 것은 나를 사랑하사 나를 위하여 자기 몸을 버리신 하나님의 아들을 믿는 믿음 안에서 사는 것이라." 그러니 어떻게 거듭난 사람이 구원을 잃을 수 있겠습니까? 창세 전에 시간의 구애를 받지 아니하시는 하나님이 그의 예지를 통해 내가 그리스도를 믿을 것과 그것을 영원히 해결된 것으로 아셨는데 말입니다!

이것은 구원을 행위로 얻으려는 사람들을 분명하게 배격하는 것입니다. 하나님의 마음에서 나는 죄인이었으며 그리스도는 나의 죄를 위해 죽으셨습니다. 창세 전에 내가 그리스도를 나의 구주로 믿었고 택함을 입었습니다. 아직 선악 간에 아무 행위도 하지 않았는데 말입니다. 나의 믿음이 의로 간주되었습니다.

로마서 4:5, "일을 아니할지라도 경건치 아니한 자를 의롭다 하시는 이를 믿는 자에게는 그의 믿음을 의로 여기시나니." 이 모든 것이 내가 그리스도를 구세주로 영접함과 하나님이 그것을 사전에 아심을 인하여 확정된 것임을 우리가 분명히 이해해야만 합니다.

이제 로마서 8:29-30을 봅시다. "하나님이 미리 아신 자들로 또한 그 아들의 형상을 본받게 하기 위하여 미리 정하셨으니 이는 그로 많은 형제 중에서 맏아들이 되게 하려 하심이니라. 또 미리 정하신 그들을 또한 부르시고 부르신 그들을 또한 의롭다 하시고 의롭다 하신 그들을 또한 영화롭게 하셨느니라."

여기서 성경은 말씀하시기를 미리 정하신 자들을 하나님이 부르셨고 또 의롭다 하셨다고 했습니다. 이 두 동사는 다 과거 시제로 되어 있습니다. 하나님께서 나를 예정하셨을 때 그분의 예지가 내가 그를 믿을 것을 미리 아셨기 때문에 그때에 주님은 나를 부르셨습니다. 하나님께서는 시간의 구애를 받지 아니하시는 것을 기억하십시오. 시간의 제한을 받지 않으시기 때문에 주님은 그때 나를 의롭다고 하셨습니다. 나는 창세 전에 이미 하나님께서 보시기에 의롭다고 선언된 것입니다. 하나님의 마음에서는 예수께서 이미 나를 위해 죽으셨고 그가 이미 나를 부르셨고 나는 이미 의지했으며 그는 나를 영원 속에서 의롭다고 하신 것입니다. 아무도 이것을 완전히 다 이해할 수 없는 것이 사실입니다. 그러나 구원받은 사람은 그 안에서 기뻐할 수 있습니다.

그리고 이 말씀도 보십시오. "의롭다 하신 그들을 또한 영화롭게 하셨느니라." 그리스도인의 영화는 휴거 시에 예수와 같은 몸을 받게 됨으로 이루어집니다.

요한일서 3:2, "사랑하는 자들아 우리가 지금은 하나님의 자녀라 장래에 어떻게 될 것은 아직 나타나지 아니하였으니 그가 나타내심이 되면 우리가 그와 같을 줄을 아는 것은 그의 계신 그대로 볼 것을 인함이니."

여기서 주님은 그의 예지 가운데서 나를 예정하셨을 때 나를 또한 부르셨고, 또한 의롭다 하셨고, 주의 이름을 찬양하리니, 또한 나를 영화롭게까지 하셨다고 말씀하십니다! 하나님께서 1937년 8월에 내가 11살 난 소년으로 그를 믿게 될 것을 미리 아시고 창세 전부터 나를 위해 영화로운 몸을 마련해 두셨습니다. 주님은 예지라는 망원경으로 맨발의 빈민가의 소년이던 내가 펀우드 침례교회(Fernwood Baptist Church)의 뒷문 밖에서 자기 아들을 구세주로 모시는 것을 미리 보셨습니다. 그가 예지를 통해 그것을 보실 때 그는 예수께서 나의 죄를 위해 죽으시는 것도 같이 보셨습니다. 그는 미리 내가 휴거 시에 필요한 몸까지 마련해 놓으셨으며 하나님의 마음에는 내가 벌써 휴거되어 영화로운 몸으로 그와 함께 있습니다. 그것은 지금 일어나고 있는 것이나 다를 것이 없는 것입니다.

최근에 나는 나의 좋은 친구인 럿셀 앤더슨 박사(Dr. Russell Anderson) 와 함께 여행을 하였습니다. 여행 중에 그는 월드 스트리트 저널(World Street Journal)을 읽고 있었는데 그가 읽고 있던 부분이 내게는 이해가 되지 않았습니다. 그래서 그것에 관해 물어 보았습니다. 그는 그것이 선물시장(先物市場/futures market: 구매 때의 가격으로 미리 흥정해 두고 대금 지불이나 물품의 인도는 차후에 하는 거래-역자 주)에 관한 것이라고 했습니다. 그가 그것에 대해 설명을 해준 뒤에 갑자기 그것이 바로 하나님께서 나를 위해 해주신 일임을 깨달았습니다. 그는 선물시장에서 내게 투자하셨고 구원하셨습니다.

나의 어머니께서는 종종 내게 이렇게 말씀하셨습니다. "아들아, 나는 네가 태어나기 전부터 너를 사랑했단다. 네가 잘 자리를 미리 준비해 두었었고 네게 입힐 옷도 미리 준비했었단다. 너를 가지고 있을 때부터 너의 작은 마음에 영향을 줄 수 있기를 바라며 책들을 읽었단다. 하나님께서 너를 목사로 삼아 주시기를 기도했고 내 눈으로 너를 보기도 전에 너를 사랑했단다."

하나님께서는 그의 지혜와 자비와 사랑과 예지 가운데서 나를 오늘 보시며 말씀하십니다. "잭, 나는 네가 태어나기 전부터 너를 사랑했다. 네가 태어날 것을 알았기 때문에 세상이 있기 전부터 너를 사랑했다. 영원의 마음으로 영원 속에서 너를 사랑했다. 네가 나를 믿을 것을 알았기 때문에 너를 위해 모든 준비를 다 해 두었다. 내가 너를 미리 의롭다 하였고 너를 불렀고 너의 영화로운 몸까지 준비해 두었다. 네가 나를 신뢰할 것을 알았기 때문에 내가 미리 너의 이름을 하늘의 어린 양의 생명책에 다 기록해 두었다. 이제 잭, 너는 이 모든 사실을 알지 못하였지. 설혹 네가 알았다 해도 이해하지 못했을 것이기 때문에 아무런 도움이 되지 못했을 것이야. 그리고 지금도 네가 그것을 온전히 이해하지 못해. 그렇지만 나는 네가 구원을 받고 기뻐하기 오래 전에 나의 예지가 나로 하여금 너의 구원을 기뻐하게 하였다는 것을 네가 알기를 원한다. 네가 무엇을 할 것인지 미리 아는 것이 나로 하여금 너를 더 많이 더 일찍 사랑하게 하였다."

이 얼마나 놀라운 구원입니까! 얼마나 놀라우신 주님이십니까! 이 어떤 하나님이십니까! 얼마나 분명한 확신입니까! 얼마나 확실한 보장입니까! 주님을 찬양합시다! 하나님께 영광을 돌립시다! 할렐루야! 아멘!

chapter 10

구원의 큰 장애

10. 구원의 큰 장애

구원에는 두 가지가 있습니다. 영혼의 구원과 생활의 구원입니다. 구원이란 말은 “건져 냄”을 의미합니다. 하나님께서는 우리의 영혼을 천국을 위하여 우리의 삶은 봉사를 위하여 건지셨습니다. 먼저는 중생입니다. 이것은 오직 성령에 의하여 이루어지는 것입니다. 그것은 육신에 의한 것이 아닙니다. 사람에게서 나는 것이 아닌 것입니다. 두 번째는 회심입니다. 그것은 구원받은 영혼이 그 삶의 용도가 변하여 원래의 목적에 재활용되고 하나님의 뜻과 목적을 성취하는 것입니다.

구원에는 의지가 들어갑니다.

요한계시록 22:17, “성령과 신부가 말씀하시기를 오라 하시는도다. 듣는 자도 오라 할 것이요 목마른 자도 올 것이요 또 원하는 자는 값없이 생명수를 받으라 하시더라.” 우리가 의지로 그리스도를 선택하기 때문에 바른 선택을 하기 위하여는 바른 소원이 일어나야 합니다. 이것은 매우 엄중한 일입니다. 왜냐하면 우리는 우리가 필요하다고 생각하는 것을 근거하여 결정하기 때문입니다. 그러므로 우리의 “필요한 것들”은 순서가 있어야 합니다.

마태복음 5:6, “의에 주리고 목마른 자는 복이 있나니 저희가 배부를 것임이요.”

대부분의 사람들은 교회를 찾을 때 육신적인 취향을 만족시키려 육신적인 결정을 합니다. 만약 취향이 영적이라면 그 결정은 훨씬 쉬울 것입니다. 교회 안에서 육신적인 취향을 만족시키는 것이 어렵지 않습니다. 만약 내게 육신적인 음악을 좋아하는 취향이 있다면 근본주의적 교회라고는 하지만 그런 것을 쉽게 만족시킬 수 있는 곳을 찾을 수도 있을 것입니다. 만약 내가 육신적인 프로그램이 있어 육의 흥미를 만족시켜주는 그런 교회를 찾는다면 그것을 발견하는데 문제가 없을 것입니다. 물론 여기서 위험한 것은 우리의 삶과 영원에 영향을 미치는 결정들이 종종 우리의 취향이 육신적이기 때문에 내려진다는 사실입니다. 예를 들면 우리가 교회를 선택할 때 교회가 친절해서, 찬양대가 좋아서, 설교자가 말을 잘하기 때문에 선택합니다. 예배 시의 성령의 능력이나 영혼을 향한 열심 또는 성별의 기준 같은 것은 거의 아니면 전혀 생각지 않습니다. 다시 말하면 우리가 우리의 삶에 곧 영원에 영향을 주는 곳을 찾으면서 우리의 육신적 취향이나 만족시켜 주는 것을 이유로 선택한다는 말입니다.

성령 충만한 목회자가 해야 할 가장 중요한 일의 하나는 성도들이 바른 취향을 가지도록 인도하는 것입니다. 그들은 의에 주리고 목마르도록 가르침을 받고 훈련되어야 합니다. 그러면 그들은 배부를 것입니다. 그래서 목회자가 영적 양식으로 영적 취향을 만족케 해주는 것이 중요한 것입니다. 회중을 적절히 먹이고 훈련하기 위하여 교회 회원들의 "필요"와 목회자의 "공급"이 적절히 맞아야 합니다. 성도가 교회당에 들어갈 때 예배를 위해 잘 준비되어 있고 의에 주리고 목말라 하면서 목사는 성령 안에서 행하며 적절히 준비되어 있으면 그의 양식은 성도들의 취향(식욕)을 만족시켜 줄 것입니다.

우리 하나님께서 말씀하십니다. “어떤 길은 사람의 보기에 바르나 필경은 사망의 길이니라”(잠언 14:12). 구원받지 못한 사람이 구원의 길을 찾으면서 육신의 성품을 사용하는 것은 매우 위험한 일입니다! 그렇기 때문에 그를 사랑하는 사람들이나 친구들이 하나님의 은혜의 보좌 앞에 나아가 하나님께서 역사하셔서 그에게 참 복음을 바라는 소원과 취향을 주시고 참 복음이 그의 영적 소원을 만족케 해주시기를 간절히 간구해야 하는 것입니다.

시편 19:14, “나의 반석이시요 나의 구속자이신 여호와여 내 입의 말과 마음의 묵상이 주께 열납되기를 원하나이다.” 여기서 말하는 “묵상”의 좋은 동의어는 “취향”(식욕)입니다. “내 입의 말과 마음의 취향이 주께 열납되기를 원하나이다.” 이제 시편 37:4을 보십시오. “또 여호와를 기뻐하라 저가 네 마음의 소원을 이루어 주시리로다.” 하나님의 자녀가 주님을 기뻐할 때 하나님께서 그의 소원을 이루어 주십니다. 여기서 이 말씀의 의미는 이중적입니다. 하나님이 그에게 소원을 주시는 것과 그 소원을 이루시는 것입니다. 먼저 주님은 바랄 것 곧 소원을 주시고 그 다음에 우리가 소원하는 것을 주십니다.

빌립보서 4;19도 그같이 생각할 수 있습니다. “나의 하나님이 그리스도 예수 안에서 영광 가운데 그 풍성한 대로 너희 모든 쓸 것을 채우시리라”(‘쓸 것’은 ‘need’인데 저자는 필요와 필요에 대한 소원, 두 가지로 적용한다-역자 주). 우리 하나님께서 우리의 모든 필요를 채우실 것입니다. 이 말을 그가 우리에게 취향 즉 필요가 있게 해주실 것이며 또 그 필요를 만족케 해 주실 것이라는 말로 생각할 수도 있을 것입니다.

이제 히브리서 4:16을 봅시다. "그러므로 우리가 긍휼하심을 받고 (필요의) 때를 따라 돕는 은혜를 얻기 위하여 은혜의 보좌 앞에 담대히 나아갈 것이니라."

특히 여기서 "(필요의) 때를 따라 돕는 은혜"(grace to help in time of need)라는 말씀을 잘 보십시오. 이 말씀은 도움을 받는 은혜를 의미할 수 있습니다. 또한 그것은 다른 사람을 돕는 은혜일 수도 있습니다. 다시 말하면 우리가 은혜의 보좌 앞에 나아올 때 그가 우리를 도우실 것이며 또한 필요한 때에 있는 다른 사람들을 도울 수 있는 은혜를 우리에게 주실 것이란 말입니다.

이것은 매우 중요한 것입니다. 그러므로 지도자는 채워주는 자가 되어야 할 뿐만 아니라 필요를 만드는 사람이 되어야 합니다. 영혼의 구원에서나 생활의 구원에서 육신이 영적인 것을 추구할 가능성이 큽니다. 만약 영혼의 구원의 경우에 구원받지 못한 사람이 바른 취향을 가지고 있다면 그것은 그의 친구들이나 사랑하는 사람들이 하나님께서 그에게 올바른 구원의 길을 찾는 바른 소원을 주시도록 간구하기 때문이지 그의 육신이 그것을 추구하기 때문이 아닙니다. 그리고 사람이 일단 영혼의 구원을 받으면 이제 그의 생활의 구원을 위해 하나님께서 필요(소원)도 주시고 그것을 위해 공급하시게 되기 위하여 그는 성령 안에서 행해야 하는 것입니다. 하나님께서 적절한 취향과 그 취향을 만족시키고 이루실 수 있도록 해야 하는 것이지요.

우리는 요한복음 15:7에서 이렇게 되기 위한 큰 비결을 하나 볼 수 있습니다. "너희가 내 안에 거하고 내 말이 너희 안에 거하면 무엇이든지 원하는 대로 구하라. 그리하면 이루리라." 우리가 그의 말씀 안에 들어가고 그의 말씀이 우리 안에 들어올 때, 우리가 우리 안에 들어오신 그분 안에 들어가서 거기서 거할 때, 우리 안에 거하시는 성령 안에서 우리가 살게 될 때 우리는 바른 취향을 가질 것이며 결과적으로 그것을 바른 방법으로 이루려 할 것입니다. 우리가 성경에서 벗어날 때 우리의 소원도 잘못될 것입니다. 위의 말씀의 마지막 부분을 보십시오. 우리가 그리스도 안에 거하고 그의 말씀이 우리 안에 거하면 우리는 원하는 것을 구할 수 있고 하나님은 그것을 우리에게 주실 것입니다. 왜 그렇습니까? 하나님께서는 우리가 그리스도 안에 거하고 그의 말씀이 우리 안에 거하면 우리의 의지는 거룩하게 되어 그의 의지와 같아질 것을 알고 계십니다. 하나님의 말씀은 참으로 안전한 인도자입니다!

세상에는 그리스도 안에서 거하는 일을 중단해 버리고 말씀이 그들 안에 거하는 것을 등한히 여기는 그리스도인들로 가득합니다. 그들은 영적이지 못한 교회를 위해 영적인 교회를 떠납니다. 육신적인 노래를 위해 영적인 노래를 버립니다. 하나님의 뜻을 찾는 것처럼 하는 얼굴 뒤에 사실은 세속적인 것으로 가득 차 있습니다. "하나님의 뜻을 위해 기도해 보았습니다" 하고 그들은 말하지만 아직 그런 말을 하기에는 이릅니다. 기도하고 그 다음에 말씀 안에 거하고 그리고 나서 말씀이 너희 안에 거하게 하라고 하지 않습니다. 우리가 그리스도 안에 거하고 그의 말씀이 우리 안에 거하는 것이 먼저 옵니다. 젊은 사람들이 하는 말을 보십시오.

"내가 기도했는데 그 사람과 결혼해야 한다고 믿습니다." 또는 "내가 기도했는데 하나님은 내가 어떤 전문직을 가져야 한다고 말씀하세요." 아, 우리가 그분 안에 거하지 않고 그의 말씀이 우리 안에 거하지 않는데도 하나님께서 우리의 기도를 응답하시고 인도해 주시리라 생각하는 어리석음이여! 결국 우리는 오랜 해답인 성경으로 돌아가야 합니다! 우리가 과거의 영적 거장들과 함께 여행하며 그들의 영적 행로를 함께 걷고 그들의 바른 결정을 배우면 우리는 최선의 것을 바랄 자격을 더 갖추게 됩니다. 그때 우리는 무엇이든지 구하면 받게 되도록 하나님이 우리에게 백지수표를 주실 것을 기대할 수 있을 것입니다. 우리가 그리스도 안에 거하고 그의 말씀이 우리 안에 거하기까지는 우리에게 참으로 필요한 것을 깨닫고 구할 만큼의 영적 깊이와 하나님께서 필요을 채우실 때 그것을 알아볼 만한 영적 분별력을 가지지 못할 것입니다.

요한복음 7:17, "사람이 하나님의 뜻을 행하려 하면 이 교훈이 하나님께로서 왔는지 내가 스스로 말함인지 알리라." "행하는 것"이 "아는 것"보다 먼저 오는 것을 보십시오. 이것 또한 영혼의 구원과 생활의 구원의 장애를 피하는 또 하나의 길입니다. 우리가 할 줄을 아는 것은 해야 합니다. 우리가 해야 할 일을 하면 알아야 할 것을 알게 됩니다. 다시 말하면 우리가 그의 계명과 뜻을 순종할 때 우리는 그의 말씀을 알 수 있게 됩니다.

하나님의 뜻에는 두 부분이 있습니다. 하나님의 뜻에는 "어디"가 있고 "무엇"이 있습니다. 하나님의 원하시는 일(무엇)을 하나님이 원하시는 곳(어디)에서 해야 합니다. 우리는 "무엇"보다 "어디"를 찾느라고 너무 많은 시간을 씁니다. 이것들을 하나님의 뜻의 두 부분입니다. 신학교에서 학생들은 언제나 하나님의 뜻을 알기 원합니다. 그들이 의미하는 것은 대개 그들이 섬겨야 할 어디를 말하는 것입니다. 그들에게 어디가 섬김(무엇) 자체보다 더 중요합니다. 이 세상의 모든 선교사들과 전담 그리스도인 사역자들에게 하나님이 원하시는 어디가 있습니다. 그러나 그들은 하나님께서 원하시는 어디에 있으면서 그가 원하시는 무엇은 하지 않습니다. "어디"는 괜찮은데 "무엇"에 문제가 있는 것입니다. 나는 차라리 그가 원하시지 않는 어디에서 원하시는 무엇을 하더라도 그가 원하시는 어디에서 원치 않는 무엇을 하지는 않겠습니다.

여기서 내가 강조하려는 것은 어디보다는 무엇이 우선이라는 것입니다. 우리는 우리의 시간을 먼저 어디를 찾는데 소비하고 있습니다. 무엇을 할 것인가는 그 후에 생각하는 것입니다. 우리의 우선순위는 먼저 무엇을 해야 할 것인지 찾고 그 일을 하는 것입니다. 그런 다음에 우리는 어디서 그 일을 할 것인지 찾을 수 있습니다. 만약 하나님께서 내가 캘리포니아주에 있기를 원하신다면 거기서 하나님의 원하시는 일을 하지 않느니 메인주에서 하나님이 원하시는 일을 하겠습니다. 나는 차라리 틀린 장소에서 영혼을 구령하지 바른 장소에서 빈둥거리지 않겠습니다.

하나님은 그가 세우신 우선순위가 있으십니다. 우리의 우선순위가 바로 되어 있으면 우리는 하나님께서 원하시는 취향을 가지게 될 것입니다.

요한복음 15:1-7, "내가 참 포도나무요 내 아버지는 농부라 무릇 내게 있어 과실을 맺지 아니하는 가지는 아버지께서 이를 제해 버리시고 무릇 과실을 맺는 가지는 더 과실을 맺게 하려 하여 이를 깨끗케 하시느니라. 너희는 내가 일러준 말로 이미 깨끗하였으니 내 안에 거하라 나도 너희 안에 거하리라. 가지가 포도나무에 붙어 있지 아니하면 절로 과실을 맺을 수 없음같이 너희도 내 안에 있지 아니하면 그러하리라. 나는 포도나무요 너희는 가지니 저가 내 안에 내가 저 안에 있으면 이 사람은 과실을 많이 맺나니 나를 떠나서는 너희가 아무 것도 할 수 없음이라. 사람이 내 안에 거하지 아니하면 가지처럼 밖에 버리워 말라지나니 사람들이 이것을 모아다가 불에 던져 사르느니라. 너희가 내 안에 거하고 내 말이 너희 안에 거하면 무엇이든지 원하는 대로 구하라. 그리하면 이루리라."

하나님이 세우신 순서를 보십시오. 성경을 펴고 이 말씀을 찾으십시오. 2절의 '과실'에 동그라미를 하고 그 옆에 (1)이라 적으세요. 2절에 있는 '깨끗케'에 동그라미를 하고 (2)라고 하고, '더 과실'에는 (3)이라 쓰세요. 5절에 있는 '저가 내 안에 내가 저 안에'에 동그라미를 치고 (4)를 그리고 '과실을 많이'에는 (5)를 적어 넣습니다. 그리고 7절의 '내 말'에는 (6), 또 '구하라'에는 (7)이라 쓰세요. 이것이 하나님의 순서입니다. 우리의 목표는 (7)에 이르는 것입니다. 우리가 구하고 싶은 것을 구할 때 하나님께서 우리를 신뢰하실 수 있게 되는 것입니다. 우리의 취향이 충분히 영적이어서 그가 우리에게 백지수표를 맡기실 수 있게 되는 것입니다.

어떻게 우리의 취향이 하나님께서 신뢰하실 수 있을 만큼 바르게 될 수 있을까요? 이미 앞에서 말씀드린 순서를 따라 그렇게 될 수 있습니다. 먼저 우리가 과실을 맺습니다. 다음에 우리는 깨끗케 됩니다. 성별되는 것을 말합니다. 셋째로 우리가 더 과실을 맺습니다. 넷째 우리가 그리스도 안에 거합니다. 다섯째 우리가 과실을 더 많이 맺습니다. 여섯째 하나님의 말씀이 우리에게 열립니다. 일곱째 우리의 취향이 하나님께서 신뢰하실 수 있으실 만큼 영적이 됩니다. 이 성경 말씀에서 몇 가지를 살펴봅시다.

1. 구원받는 즉시 과실이 있습니다.

그것은 성별되기도 전에 있습니다. 사람이 구원받았을 때 어떤 것이 죄며 어떤 것이 죄가 아닌지 잘 구별하지 못할 수도 있습니다. 설교를 들어보지 못했을 수도 있고 영적인 책들을 읽어보지 못했지만 아는 것은 자신이 죄인인 것과 죄인은 다 잃어버린 바 된 사실 그리고 처녀에게서 태어나신 그리스도께서 나의 죄를 위하여 죄 없으신 분이 대속의 죽음을 죽으신 것 또 우리를 의롭다 하시려 부활하신 것과 이제 그리스도와 그 분의 공로를 믿을 때 구원을 받게 된다는 것뿐입니다. 우리가 이렇게 함으로 구원을 받지만 아직 자신의 어떤 습관들이 잘못된 것임을 알지 못할 수 있습니다.

예를 들면 얼마 전에 내가 구령을 나갔다가 한 부인을 주님께 인도한 적이 있습니다. 그녀는 매우 기뻐했습니다. 자신이 구원받은 것을 확신하게 되었고 그 때문에 큰 소리를 지를 지경이었습니다. 그녀는 "잠깐 기다리세요" 하고는 부엌에 달려 들어가서 술을 한 병 들고 나왔습니다. 뚜

껑을 열고 나를 위해 그리고 자신을 위해 따르고 말했습니다. "주님을 찬양합시다! 나의 구원을 위해 축배를 듭시다!" 이것이 그녀가 구원을 받지 못했다는 것일까요? 절대로 그렇지 않습니다. 그녀가 참으로 구원을 받은 것은 의심의 여지가 없습니다. 그렇지만 아직 그녀는 옳고 그른 것에 대해, 깨끗하고 되고 성별되어야 할 것에 대해 몰랐습니다. 그녀는 내게 다시 와서 자기 남편에게도 말씀을 해 달라고 했습니다. 내가 다시 갔을 때 그 남편도 구원을 받았습니다. 사실 내가 그곳에 가기 전에 그녀가 남편을 거의 주님께 인도해 놓았었습니다. 그녀는 이미 구령자였습니다. 그러나 아직 성별되지는 못했습니다.

수가의 우물가에서 예수님을 만난 여인은 즉시 마을로 돌아가 예수님을 증거했습니다.

2. 하나님께서 한 그리스도인이 과실을 맺는 것을 보시면 그를 깨끗케 하십니다.

다시 말하면 하나님은 잘못된 것이 무엇인지 그로 하여금 깨닫게 하시고 그가 성별되도록 하시는 것입니다.

3. 이 성별은 그로 하여금 과실을 더 맺을 수 있게 합니다.

우리가 성별되기 전에는 영혼을 구령할 수 없노라고 가르치는 설교자는 틀렸습니다. 그렇지만 우리가 성별되기까지는 영혼을 더 구령할 수는 없습니다. 성별되기 이전에도 과실을 맺기는 하겠지만 성별된 후에는 과실을 더 맺을 수 있습니다.

4. 과실을 더 맺을 때 우리는 그리스도 안에 거하는데 이르게 됩니다.

즉, 우리는 하나님과 동행하며 하나님과 함께 생활하고 그리스도께서 우리의 삶이 되는 것입니다. 그럴 때 하나님께서는 우리가 과실을 많이 맺게 하셔서 우리를 존귀케 하십니다. 과실을 맺는 단계가 셋인 것을 보십시오. 어떤 사람은 과실을 약간 맺습니다. 교회의 저녁 구령 시간에 다양한 사람들이 나옵니다. 그 중에 성별되지 못한 한 사람이 나왔습니다. 그는 새 신자입니다. 그러나 그는 새 신자도 구령을 할 수 있다고 배웠습니다. 그가 열매를 맺으려고 온 것입니다. 그 옆에 앉은 사람은 나쁜 것이 무엇인지 배웠고 세상에서부터 성별된 사람입니다. 그는 열매를 더 맺으려고 이날 밤에 나온 것입니다. 그는 자신이 하여서는 안되는 잘못된 일로부터 구별되어 있을 뿐만 아니라 그의 전체 삶은 그가 하여야 할 바른 것 위에 세워져 있습니다. 그는 하나님과 동행합니다. 그는 이 시간에 과실을 많이 맺으러 그곳에 온 것입니다.

참 놀랍지 않으세요? 하나님께서는 원하는 모든 그리스도인이 과실을 맺을 수 있게 해 주십니다.

5. 우리가 은혜 안에서 자라게 하시려 주신 모든 것은 다 과실을 맺는 것과 관계가 있음을 주목할 만한 것입니다.

먼저는 과실이 있습니다. 그 다음에는 성별, 그리고 나서 과실을 더 맺습니다. 그런 다음 그리스도 안에 거하게 되고 그 후에 과실을 많이 맺습니다. 전체 그리스도인의 삶은 과실을 맺는 여러 정도를 중심으로 이루어져 있는 것 같습니다.

6. 많은 과실을 맺으면 하나님의 말씀을 이해하게 됩니다.

여기서 우리는 처음의 성경 말씀으로 돌아가게 됩니다. 요한복음 7:17, “사람이 하나님의 뜻을 행하려 하면 이 교훈이 하나님께로서 왔는지 내가 스스로 말함인지 알리라.” 우리가 그의 뜻 곧 많은 열매를 맺는 일을 하게 되면 우리는 하나님의 말씀을 알 수 있게 됩니다. 하나님의 말씀이 많은 열매를 맺는 것 후에 오는 것은 흥미가 있는 일입니다.

7. 다음에 원하는 것을 구할 수 있게 됩니다.

요한복음 15:7의 “원하는” 이란 말을 주의해 보세요. 그 말은 우리를 이 장의 처음으로 돌아가게 합니다. 우리의 결정은 우리의 원함(의지)에 따라 정해지기 때문에 우리는 성화된 의지를 가져야 합니다. 이 의지의 성화는 우리가 과실을 맺을 때 이루어질 수 있습니다. 그때 우리는 성별되고 과실을 더 맺게 되고 그리스도 안에 거하게 되고 과실을 많이 맺게 되며 하나님의 말씀 안에 거하게 됩니다. 그때 우리의 의지(원함)가 거룩하게 되는 것입니다! 우리는 우리의 필요와 취향을 알게 되고 우리가 원하는 것을 자유롭게 하나님께 구할 것이며 하나님은 우리가 바른 것을 구할 것을 확실히 신뢰하시게 되는 것입니다.

그러므로 우리가 죄인을 구원으로 인도했을 때 처음 해야 할 필요가 있는 것은 그의 안에 바른 취향을 가지게 하는 것입니다. 그에게 하나님의 말씀을 가르치고 하나님께서 그에게 바른 취향을 주시도록 기도할 때 그렇게 될 수가 있을 것입니다. 그런 후에 그의 두 번째의 건짐 곧 생활의 구원을 위해 성도로서의 바른 취향이 나오게 해야 합니다. 이것도 마찬가지로 하나님의 말씀으로 되는데 우리가 해야 할 일을 행한 이후에 그 말씀을 깨닫게 될 것입니다.

그렇기 때문에 지도자의 자리에 있는 우리가 교회를 인도하는 목사이든, 아이들을 지도하는 부모이든, 학생들을 가르치는 교사 또는 교장이든, 우리를 따르는 이들이 올바른 취향을 가지도록 지도하여 그들이 의지적으로 바른 취향을 바르게 충족시키려 하게 하여야 합니다. 이 말은 우리가 그들에게 하나님의 명령에 순종하는 것을 반복해서 강조해야 할 것을 의미합니다. 일단 그분이 시키는 일을 하고 그런 후에는 주께서 자신의 진리를 나타내시도록 그의 말씀 암에서 살아야 합니다.

얼마 전에 어떤 사람이 우리 제일침례교회의 버스를 타고 교회를 다니는 아이들에 대해 하는 말을 들은 적이 있습니다. 나는 이 아이들에 대해 긍지를 가지고 있습니다. 그들을 내가 매우 사랑합니다. 그는 버스를 타고 다니는 아이들의 열심을 주의 깊게 살펴보았습니다. 그 열심은 교회와 하나님의 일이 그들에게 새로운 것이기 때문에 생긴 것입니다. 그는 그들의 열심을 교회 안에서 자라온 다른 아이들의 열심과 비교하여 말하였습니다. "내 생각에 교회 버스를 타고 다니는 아이들이 교회에서 자란 아이들보다 더 훌륭히 될 것 같습니다." 나는 그럴 수가 없다고 대답했습니다. 왜냐하면 우리가 이 아이들(교회에서 자란 아이들)에게 수년 동안 구령하는 것과 하나님께서 시키는 일을 하는 것을 가르쳐 왔기 때문입니다. 우리는 이들을 하나님의 말씀으로 목욕을 시켰습니다. 그들이 말씀을 오래 배워 왔기 때문에 비록 그들에게 그것이 일상적인 것처럼 되었다 해도 말씀은 여전히 그들 속에 있습니다. 말씀이 그들 속에 감춰어 있으며 그들의 취향은 말씀에 순종하는 것과 말씀을 알아가는 것으로 이루어져 있습니다. 이것이 그들의 의지를 거룩하게 할 것이기 때문에 먼 안목으로 볼 때 그들이 하나님께서 원하시는 일을 하나님께서 원하시는 곳에서 하게 될 더 큰 가능성이 있는 것입니다.

chapter 11

오직 믿음으로

11. 오직 믿음으로

골로새서 2:16-17, “그러므로 먹고 마시는 것과 절기나 월삭이나 안식일을 인하여 누구든지 너희를 폄론하지 못하게 하라. 이것들은 장래 일의 그림자이나 몸은 그리스도의 것이니라.” 고린도전서 2:8, “이 지혜는 이 세대의 관원이 하나도 알지 못하였나니 만일 알았더면 영광의 주를 십자가에 못박지 아니하였으리라.”

예수를 주님으로 시인해야 구원을 받는다고 가르치는 사람들이 있는데 그것이 의미하는 것이 무엇입니까? 어떤 사람들이 우리가 구원을 받기 위해서는 예수를 구세주(Savior)와 주님(Lord)으로 영접해야 한다고 가르칩니다. 이러한 가르침의 배후에는 행위로 말미암는 구원의 교리가 그 흉악한 머리를 감추고 있음을 볼 수 있습니다. 그것은 믿음만으로 구원을 받는 가르침에 사람이 무엇을 해야 한다는 것 곧 예수를 자기 삶의 주님으로 삼아야 한다는 것을 더하는 것입니다.

이러한 가르침을 받아들이는 사람들은 가끔 좋은 동기에서 그렇게 하는 것을 봅니다. 그들은 수준 이하의 기독교와 얄팍한 그리스도인들의 삶에 진저리가 난 사람들입니다. 그들은 자기들과 마음이 맞는 사람들과 만나 하나님의 백성들의 삶을 살펴보면서 실망을 느끼고 애통하다가 그 애통을 교리로 만든 것입니다. 그들은 자신들이 구원의 교리에 행위를 첨가하고 있다는 사실을 알지 못하고 있습니다. 그들은 “만약 그리스도께서 모든 것의 주인이 아니시라면 그는 전혀 주인이 못된다"라는 식의 신령한 문구를 사용합니다. 그들은 또 이런 말도 합니다. "설익은 과실을 따지 말라", "안일한 믿음구원주의"(easy believism) 등등. 많은 그리스도인들의 얄팍함에 대한 그들의 실망이나 혐오는 그들로 지나치게 경멸하게 하고 이단적인 가르침을 수용하게 합니다. 그러나 사실 신약시대 이후로 사람이 변한 것은 없습니다. 그때도 오늘날과 마찬가지로 얄팍한 그리스도인들이 있었습니다. 예를 들면 고린도전서 3:1-4을 보십시오. "형제들아 내가 신령한 자들을 대함과 같이 너희에게 말할 수 없어서 육신에 속한 자 곧 그리스도 안에서 어린 아이들을 대함과 같이 하노라. 내가 너희를 젖으로 먹이고 밥으로 아니 하였노니 이는 너희가 감당치 못하였음이거니와 지금도 못하리라. 너희가 아직도 육신에 속한 자로다. 너희 가운데 시기와 분쟁이 있으니 어찌 육신에 속하여 사람을 따라 행함이 아니리요? 어떤 이는 말하되 나는 바울에게라 하고 다른 이는 아볼로에게라 하니 너희가 사람(육신적)이 아니리요?" 여기에 육신적 그리스도인에 대한 언급이 있습니다. 예수께서 그들의 모든 삶의 주인은 아니셨던 것이 분명합니다. 그들은 아직 그리스도 안의 어린 아이들이라 불리웠습니다.

고린도전서 5:1-5, "너희 중에 심지어 음행이 있다 함을 들으니 이런 음행은 이방인 중에라도 없는 것이라. 누가 그 아비의 아내를 취하였다 하는도다. 그리하고도 너희가 오히려 교만하여져서 어찌하여 통한히 여기지 아니하고 그 일 행한 자를 너희 중에서 물리치지 아니하였느냐? 내가 실로 몸으로는 떠나 있으나 영으로는 함께 있어서 거기 있는 것 같이 이 일 행한 자를 이미 판단하였노라. 주 예수의 이름으로 너희가 내 영과 함께 모여서 우리 주 예수의 능력으로 이런 자를 사단에게 내어 주었으니 이는 육신은 멸하고 영은 주 예수의 날에 구원 얻게 하려 함이라." 여기 그 교회의 한 회원이 있는데 주님은 심판의 날에 그의 영이 구원을 얻게 하겠다고 하십니다. 이 얼마나 비극적인 간증입니까! 그도 아나니아와 삽비라 또는 다른 어떤 사람들처럼 사망에 이르는 죄를 범했습니다. 그리스도께서 그의 전체 삶의 주인이 못되셨던 것이 분명합니다.

갈라디아서 4:8-11, "그러나 너희가 그때에는 하나님을 알지 못하여 본질상 하나님이 아닌 자들에게 종노릇하였더니 이제는 너희가 하나님을 알뿐더러 하나님의 아신 바 되었거늘 어찌하여 다시 약하고 천한 초등 학문으로 돌아가서 다시 저희에게 종노릇하려 하느냐? 너희가 날과 달과 절기와 해를 삼가 지키니 내가 너희를 위하여 수고한 것이 헛될까 두려워하노라." 여기서 다시 한번 우리는 저들의 삶에서 그리스도가 주인이 되지 못한 사람들을 봅니다.

데살로니가후서 3:6, 14-15, "형제들아 우리 주 예수 그리스도의 이름으로 너희를 명하노니 규모없이 행하고 우리에게 받은 유전대로 행하지 아니하는 모든 형제에게서 떠나라... 누가 이 편지에 한 우리 말을 순종치 아니하거든 그 사람을 지목하여 사귀지 말고 저로 하여금 부끄럽게 하라. 그러나 원수같이 생각지 말고 형제같이 하라."

롯이 소돔에 있었을 때 예수께서 그의 주인이셨습니까? 그럴 수가 없지요. 그러나 하나님께서는 그를 "의인"이라 하셨습니다. 이 말은 그가 행위에서 의로웠다는 것이 아니고 그가 믿는 자였기 때문에 하나님 앞에서 의로웠다는 뜻입니다. 다윗이 범죄했을 때 예수께서 그의 주인이셨습니까? 베드로가 주님을 부인하고 믿음을 부인하고 교회를 부인했을 때도 예수께서 그의 주인이셨습니까? 믿음이 부족하여 아브라함이 애굽으로 도망을 했을 때도 예수께서 그의 삶의 주인이셨습니까? 모세가 반석을 두 번이나 침으로 거룩한 땅에 들어가는 티켓을 잃었을 때도 예수께서 그의 삶의 주인이셨습니까? 야곱이 하란에 있던 그 모든 기간에도 예수께서 그의 삶의 주인이셨나요?

물론 성경에는 분명히 그리스도의 주님주권(The Lordship of Christ)에 관한 가르침이 있습니다. 그리고 성경에는 하나님의 자녀들에게 주님주권에 양도되어지기를 원하는 경고와 당부와 권면의 말씀들로 가득 차 있습니다.

로마서 12:1, "그러므로 형제들아 내가 하나님의 모든 자비하심으로 너희를 권하노니 너희 몸을 하나님이 기뻐하시는 거룩한 산 제사로 드리라. 이는 너희의 드릴 영적 예배니라."

로마서 6:12-13, "그러므로 너희는 죄로 너희 죽을 몸에 왕노릇하지 못하게 하여 몸의 사욕을 순종치 말고 또한 너희 지체를 불의의 병기로 죄에게 드리지 말고 오직 너희 자신을 죽은 자 가운데서 다시 산 자같이 하나님께 드리며 너희 지체를 의의 병기로 하나님께 드리라."

갈라디아서 6:10-17, "그러므로 우리는 기회 있는 대로 모든 이에게 착한 일을 하되 더욱 믿음의 가정들에게 할지니라. 내 손으로 이렇게 큰 글자로 쓴 것을 보라. 무릇 육체의 모양을 내려 하는 자들이 억지로 너희로 할례받게 함은 저희가 그리스도의 십자가를 인하여 핍박을 면하려 함뿐이라. 할례받은 저희라도 스스로 율법은 지키지 아니하고 너희로 할례받게 하려 하는 것은 너희의 육체로 자랑하려 함이니라. 그러나 내게는 우리 주 예수 그리스도의 십자가 외에는 결코 자랑할 것이 없으니 그리스도로 말미암아 세상이 나를 대하여 십자가에 못 박히고 내가 또한 세상을 대하여 그러하니라. 할례나 무할례가 아무 것도 아니로되 오직 새로 지으심을 받은 자뿐이니라. 무릇 이 규례를 행하는 자에게와 하나님의 이스라엘에게 평강과 긍휼이 있을지어다. 이 후로는 누구든지 나를 괴롭게 말라. 내가 내 몸에 예수의 흔적을 가졌노라." 구원받지 못한 사람에게 주는 권면은 그리스도를 구세주로 모시라는 것입니다. 그리스도를 구세주로 모신 사람에게 주는 권면이 그를 주님으로 모시라는 것입니다.

그래서 주님주권에 의한 구원(Lordship Salvation)에 대한 우리의 관찰은 이러합니다.

1. 결론적으로 분석해 볼 때 그것은 행위에 의한 구원이며 성경의 가르침과는 정면으로 거스르는 것입니다.

디도서 3:5, "우리를 구원하시되 우리의 행한 바 의로운 행위로 말미암지 아니하고 오직 그의 긍휼하심을 좇아 중생의 씻음과 성령의 새롭게 하심으로 하셨나니."

로마서 3:28, "그러므로 사람이 의롭다 하심을 얻는 것은 율법의 행위에 있지 않고 믿음으로 되는 줄 우리가 인정하노라."

로마서 4:2, "만일 아브라함이 행위로써 의롭다 하심을 얻었으면 자랑할 것이 있으려니와 하나님 앞에서는 없느니라."

에베소서 2;8-9, "너희가 그 은혜를 인하여 믿음으로 말미암아 구원을 얻었나니 이것이 너희에게서 난 것이 아니요 하나님의 선물이라. 행위에서 난 것이 아니니 이는 누구든지 자랑치 못하게 함이니라."

로마서 4:5, "일을 아니할지라도 경건치 아니한 자를 의롭다 하시는 이를 믿는 자에게는 그의 믿음을 의로 여기시나니."

2. 만약 그리스도를 삶의 주인으로 모셔서 구원을 받는다면 그것은 은혜 안에서 성장하는 것이 필요하지 않다는 것이 될 것입니다.

구원을 받을 때 그리스도를 주님으로 모셔서 자기의 삶을 온전히 양도할 수 있다면 그리스도 안에서 아기는 없을 것입니다. 그러나 분명한 사실은 그리스도 안에서 어린 아기들이 있다는 것입니다.

고린도전서 3:1, "형제들아 내가 신령한 자들을 대함과 같이 너희에게 말할 수 없어서 육신에 속한 자 곧 그리스도 안에서 어린 아이들을 대함과 같이 하노라."

베드로전서 2:2, "갓난 아이들 같이 순전하고 신령한 젖을 사모하라. 이는 이로 말미암아 너희로 구원에 이르도록 자라게 하려 함이라."

3. 주님주권에 의한 구원(Lordship Salvation)은 필연적으로 구원을 잃는다는 가르침을 가져오게 합니다.

구원을 받기 위해 예수를 자기 주인으로 삼아야 한다면 그가 예수께서 더 이상 주인일 수 없는 위치로 타락할 때 그는 더 이상 구원을 받은 것이 아니라고 하는 것이 합리적일 것입니다. 이것은 우리로 하여금 주님을 부인했을 때의 베드로나 바울과 다투었을 때의 바나바 또는 하나님의 뜻을 떠나 버렸을 때의 요나와 같은 이들의 구원을 의심케 만듭니다.

4. 주님주권에 의한 구원은 육신적인 그리스도인들을 위해 기여하는 것이 아무것도 없습니다.

우리는 아무도 육신적인 그리스도인을 기뻐하지 않습니다. 그러나 성경이 그러한 사람이 있다고 가르치는 것은 여전히 사실로 남아 있습니다. 고린도전서 2:14에서 우리는 육신적인 그리스도인과 영적인(신령한) 그리스도인이 있음을 봅니다. “육에 속한 사람은 하나님의 성령의 일을 받지 아니하나니 저에게는 미련하게 보임이요 또 깨닫지도 못하나니 이런 일은 영적으로라야 분변함이니라.” 세상은 구원받은 자와 구원받지 못한 자들로 나뉩니다. 구원받은 자에는 육신적인 자와 영적인 자가 있습니다. 육신적인 자들이 있다는 것이 내게는 기쁘지 않습니다. 그렇지만 그들이 있다는 것을 내가 사실로 받아들이지 않을 수 없는 것입니다.

5. 주님주권에 의한 구원은 은혜를 제거시키며 구원에 대한 명백한 성구들을 무용하게 만듭니다.

요한복음 3:15, “이는 저를 믿는 자마다 영생을 얻게 하려 하심이니라.”

요한복음 3:16, “하나님이 세상을 이처럼 사랑하사 독생자를 주셨으니 이는 저를 믿는 자마다 멸망치 않고 영생을 얻게 하려 하심이니라.”

요한복음 3:36, “아들을 믿는 자는 영생이 있고 아들을 순종치 아니하는 자는 영생을 보지 못하고 도리어 하나님의 진노가 그 위에 머물러 있느니라.”

요한복음 5:24, “내가 진실로 진실로 너희에게 이르노니 내 말을 듣고 또 나 보내신 이를 믿는 자는 영생을 얻었고 심판에 이르지 아니하나니 사망에서 생명으로 옮겼느니라.”

요한복음 1:11-12, “자기 땅에 오매 자기 백성이 영접지 아니하였으나 영접하는 자 곧 그 이름을 믿는 자들에게는 하나님의 자녀가 되는 권세를 주셨으니.”

에베소서 2:8-9, “너희가 그 은혜를 인하여 믿음으로 말미암아 구원을 얻었나니 이것이 너희에게서 난 것이 아니요 하나님의 선물이라. 행위에서 난 것이 아니니 이는 누구든지 자랑치 못하게 함이니라.” 이 모든 성구들은 구원이 믿음으로 다시 말하면 갈보리에서 다 이루어 놓으신 그리스도의 사역을 믿음으로 받는다고 명백히 말씀하고 있습니다.

6. 구원은 받는 것이지 드리는 것이 아닙니다.

요한복음 1:12, “영접하는 자 곧 그 이름을 믿는 자들에게는 하나님의 자녀가 되는 권세를 주셨으니.” 구원을 받을 때 주는 이는 하나님이시지 사람이 아닙니다. 사람은 단지 받는 일을 합니다. 하나님께서는 자기 아들을 주셨습니다.

요한복음 3:16, “하나님이 세상을 이처럼 사랑하사 독생자를 주셨으니 이는 저를 믿는 자마다 멸망치 않고 영생을 얻게 하려 하심이니라.” 하나님은 영생을 주십니다.

요한복음 10:28, "내가 저희에게 영생을 주노니 영원히 멸망치 아니할 터이요 또 저희를 내 손에서 빼앗을 자가 없느니라." 하나님께서는 모든 것을 주십니다.

로마서 8:32, "자기 아들을 아끼지 아니하시고 우리 모든 사람을 위하여 내어주신 이가 어찌 그 아들과 함께 모든 것을 우리에게 은사로 주지 아니하시겠느뇨?" 우리가 믿는 자가 되었기 때문에 우리는 하나님이 주시는 모든 것을 받게 됩니다. 주는 자가 되려면 제자가 되어야 합니다. 구원은 그리스도의 희생으로 말미암는 것이고 제자의 삶은 나(자아)의 희생으로 말미암는 것입니다. 구원은 하나님의 미쁘심을 기초로 하지만 제자의 삶은 나의 성실함에 달려 있습니다. 그래서 구원은 잃지 않습니다. 제자의 삶은 잃을 수 있습니다.

때때로 어떤 사람들은 말합니다. "당신의 마음을 예수께 드리세요. 그러면 구원을 얻을 것입니다." 이런 말을 하는 사람들이 진지한 사람들이라고 생각하며 그들로 인하여 구원받은 사람들이 많이 있을 수 있지만 기술적으로 말씀을 드리면 사람이 구원을 받는 것은 자기의 마음을 주님께 드려서가 아니고 예수님과 그의 선물인 영생을 마음에 받음으로 구원에 이르는 것입니다.

7. 주님주권에 의한 구원은 구원을 하나의 거래나 교환 심지어는 뇌물이 되게 합니다.

그것은 영생을 위해 단순히 그리스도를 영접하는 것을 제거하며 우리가 하나님께 무엇을 드려야 하나님이 어떤 것을 주시는 것으로 만듭니다. 하나님께서 "네가 내게 무엇을 주면 나도 네게 무엇을 주겠다. 우리가 거래를 하자. 그러면 네가 구원을 받을 것이다"라고 하시는 것이 되는 것입니다. 구원은 내가 하나님께 무엇을 드려서 하나님께서 내게 무엇을 주시는 것이 아닙니다. 구원은 하나님께서 내게 주시고 나는 그것을 받는 것입니다. 로마서 6:23, "죄의 삯은 사망이요 하나님의 은사(선물)는 그리스도 예수 우리 주 안에 있는 영생이니라."

그리스도의 주님주권(The Lordship of Christ)을 이해하기 위하여 다음을 생각해 봅시다.

1. 구원받지 못한 사람은 육체 안(In the flesh)에 있으며 죄는 그의 안(In him)에 있습니다.

2. 그가 그리스도를 영접합니다. 그리스도께서 그의 안에(In him) 들어오십니다.

골로새서 1:27, "하나님이 그들로 하여금 이 비밀의 영광이 이방인 가운데 어떻게 풍성한 것을 알게 하려 하심이라. 이 비밀은 너희 안에 계신 그리스도시니 곧 영광의 소망이니라."

3. 그리스도가 들어오실 때 옛 사람은 떠나지를 않습니다.

비록 그리스도께서 그의 안에 계실지라도 여전히 옛 성품은 그냥 남아 있습니다.

로마서 7:15-17, "나의 행하는 것을 내가 알지 못하노니 곧 원하는 이것은 행치 아니하고 도리어 미워하는 그것을 함이라. 만일 내가 원치 아니하는 그것을 하면 내가 이로 율법의 선한 것을 시인하노니 이제는 이것을 행하는 자가 아니요 내 속에 거하는 죄니라." 믿는 사람 안에는 새 사람이 있고 옛 사람도 있습니다.

로마서 7:22-23, "내 속 사람으로는 하나님의 법을 즐거워 하되 내 지체 속에서 한 다른 법이 내 마음의 법과 싸워 내 지체 속에 있는 죄의 법 아래로 나를 사로잡아 오는 것을 보는도다."

4. 새 사람에게는 새로운 환경이 필요합니다.

그는 지금 그리스도 안에 있습니다.

고린도후서 5:17, "그런즉 누구든지 그리스도 안에 있으면 새로운 피조물이라 이전 것은 지나갔으니 보라 새 것이 되었도다."

에베소서 2:6, "또 함께 일으키사 그리스도 예수 안에서 함께 하늘에 앉히시니." "그리스도 안에서"나 또 그와 같은 말이 신약성경에 130번 이상 언급되고 있습니다.

5. 이제 내가 그리스도 안에 있음으로 인해 많은 것들이 유용하게 되었습니다.

에베소서 1:3, "찬송하리로다. 하나님 곧 우리 주 예수 그리스도의 아버지께서 그리스도 안에서 하늘에 속한 모든 신령한 복으로 우리에게 복 주시되."

고린도전서 3:21, "그런즉 누구든지 사람을 자랑하지 말라 만물이 다 너희 것임이라."

로마서 8:32, "자기 아들을 아끼지 아니하시고 우리 모든 사람을 위하여 내어주신 이가 어찌 그 아들과 함께 모든 것을 은사로 주지 아니하시겠느뇨?"

6. 이런 것들이 내게 유용하고 나의 삶이 그것들과 함께 있다 해도 그것들은 나를 강제하지 않습니다.

내가 이미 그리스도 안에 있다는 사실을 기억하십시오. 내가 그리스도 안에 있고 이런 것들이 내게 유용하지만 내가 선택해야 내 것이 됩니다. 그런 것들 중에 하나가 하나님과의 교제입니다.

에베소서 2:13, "이제는 전에 멀리 있던 너희가 그리스도 예수 안에서 그리스도의 피로 가까워졌느니라." 또 다른 하나는 영적 행함입니다.

요한일서 2:6, "저 안에 거한다 하는 자는 그의 행하시는 대로 자기도 행할지니라." 또 하나는 그리스도의 인정함입니다.

로마서 16:10, "그리스도 안에서 인정함을 받은 아벨레에게 문안하라. 아리스도불로의 권속에게 문안하라." 또 영적 성장이 있습니다.

골로새서 2:7, "그 안에 뿌리를 박으며 세움을 입어 교훈을 받은 대로 믿음에 굳게 서서 감사함을 넘치게 하라." 그리고 영적 성숙이 있습니다.

골로새서 1:28, "우리가 그를 전파하여 각 사람을 권하고 모든 지혜로 각 사람을 가르침은 각 사람을 그리스도 안에서 완전한 자로 세우려 함이니." 다른 하나는 성화입니다.

고린도전서 1:2, "고린도에 있는 하나님의 교회 곧 그리스도 예수 안에서 거룩하여지고 성도라 부르심을 입은 자들과 또 각처에서 우리의 주 곧 저희와 우리의 주 되신 예수 그리스도의 이름을 부르는 모든 자들에게."

이 모든 것들이 믿는 자들에게 유용하게 되었습니다. 모든 것이 자기 손에 달려 있습니다. 그러나 이중 어느 것도 그리스도 안에 들어오기까지는 기대할 수 없는 것입니다. 우리가 그리스도 안에 들어와 새로운 피조물이 될 때 이런 것들과 또 다른 많은 것들이 우리에게 가능하게 되는 것입니다. 우리에게 주어진 이것들을 얼마나 누리느냐 하는 것은 우리에게 달린 것이며 또 그 정도만큼 그리스도가 우리의 주인이 되는 것입니다. 당연히 어린 그리스도인은 마치 가정에서 어린 아기가 세탁기나 자동차 같은 것을 사용하지 못하는 것처럼 이 중의 많은 것을 누리지 못합니다. 그렇지만 우리가 그리스도께서 우리를 위해 이루신 것들을 누리면 누릴수록 우리는 은혜 안에서 자라며 예수께서는 우리의 삶에서 그만큼 더욱 주인이 되시는 것입니다.

이 땅에 살았던 가장 위대한 그리스도인은 아마 사도 바울일 것입니다. 그는 자신에 대하여 말하기를, "오호라 나는 곤고한 사람이로다"고 한 적이 있습니다. 그는 자신을 "죄인의 괴수"라고 불렀습니다. 그는 자신이 원하는 것은 하지 않고 원치 않는 것을 한다고 탄식했습니다. 아마 그 누구보다도 주님은 사도 바울의 삶의 주인이셨을 것입니다. 그렇지만 바울은 자신이 아직 이룬 것이 아니라고 했습니다.

결론적으로 주님주권에 의해 구원을 받는다는 가르침을 믿어서 구원을 받았다고 증거하는 사람의 말 속에 담긴 허구와 교만을 생각해 보십시오. 그는 "내가 예수님을 나의 주님으로 모셨다"고 말합니다. 그 말은 예수께서 그의 삶을 주장하고 계시며 그는 온전히 그분께 드려졌다는 것을 의미합니다. 어떻게 우리가 이런 말을 진정으로 할 수 있단 말입니까? 반면에 이같이 말하는 사람의 겸손을 보십시오. "나는 예수님을 나의 구세주로 영접하여 구원을 받았습니다." 그가 말하는 구원은 그에게는 그것을 받을 자격이 없지만 주어진 것을 의미합니다. 영접하는 것 외에는 그것을 받기 위해 한 일이 없습니다. 그것은 선물이었습니다. 반면에 만약 우리가 하나님께 무엇을 드려서 그 대가로 그것을 받는다면 그것은 우리와 하나님이 거래를 한 것이 되며 그런 구원은 우리가 번 것이 되는 것입니다.

chapter 12

하나님께서 가장 사랑하시는 것 세 가지

12. 하나님께서 가장 사랑하시는 것 세 가지

하나님의 마음에 가장 사랑하시는 것 세 가지가 있습니다. 이 세 가지 중에 처음은 거룩입니다. 하나님이 참으로 사랑하시는 것이 있다면 그것은 거룩입니다! 이사야서 6:3은 이렇게 말합니다. "거룩하다, 거룩하다, 거룩하다, 만군의 여호와여!" 왜 여기서 하나님을 거룩하다고 세 번이나 말씀합니까? 하나님은 삼위일체의 하나님이십니다. 그분은 아버지 하나님이시며 아들 하나님이시며 성령 하나님이십니다. 하나님께서는 "성부께서 거룩하시다, 성자께서 거룩하시다, 성령께서 거룩하시다"고 말씀하시는 것입니다. 계시록 4:8도 말씀합니다. "거룩하다, 거룩하다, 거룩하다, 주 하나님 곧 전능하신 이여!" 이 말씀은 무슨 뜻입니까? 우리의 전능하신 하나님은 삼위일체이십니다. 그리고 그는 거룩하다고 불리십니다. 거룩한 성부, 거룩한 성자, 거룩한 성령 하나님이신 것입니다. 하나님의 말씀에서 하나님은 마흔한 번이나 가장 거룩하신 분(Most Holy One)이라 불리셨습니다. 이스라엘의 거룩한 자(Holy One of Israel)라고는 스물한 번 불리셨으며 또 스물네 번이나 "거룩이라 일컫는 이"(Holy is His name)라고 불리셨습니다. 하나님께서 가장 사랑하시는 것의 처음은 거룩입니다.

하나님께서 크게 사랑하시는 것 가운데 둘째는 공의입니다. 하나님은 공의를 사랑하십니다. 사도행전 3:14에서 하나님은 "의로운 자"라고 불리셨으며 사도행전 7:52에서는 "그 의인"이라 불리셨고 사도행전 22:14

에서는 “저 의인”이라고 불리셨습니다. 예레미야서 50:7에서는 여호와께서 “의로운 처소”(Habitation of Justice:공의의 처소)라고 불리셨습니다. 욥기 8:3에서도 “하나님이 어찌 심판을 굽게 하시겠으며 전능하신 이가 어찌 공의를 굽게 하시겠는가?”라고 말씀합니다.

세 번째 하나님께서 크게 사랑하시는 것이 있습니다. 이것은 참으로 좋은 것입니다. 그것은 곧 사람입니다! 이들이 하나님께서 사랑하시는 것들입니다. 내가 여기서 아버지 하나님께서 크게 사랑하시는 것을 말하는 것이 아닙니다. 삼위일체의 하나님께서 크게 사랑하시는 세 가지를 말하고 있습니다. 물론 성부에 대한 성자의 사랑이나 성자에 대한 성부의 사랑, 그리고 성부나 성자에 대한 성령의 사랑에 비교할 만한 사랑은 없습니다. 여기서 나는 하나이신 하나님 곧 삼위일체의 하나님이 가장 사랑하시는 것을 말씀드리고 있습니다. 그 하나님이 가장 사랑하시는 것의 첫째는 거룩이며 둘째는 공의이며 셋째는 사람인 것입니다.

이 셋은 다 에덴동산에서 하나님과 함께 아름다운 조화를 이루며 동행하였습니다. 하나님께서 사람을 지으시고 에덴동산에서 그와 교제하실 때 그분은 그가 사랑하시는 세 가지를 다 가지셨습니다. 그에게는 거룩이 있었습니다. 공의도 있었습니다. 사람도 있었습니다. 그런데 한 비극이 일어났습니다. 하나님께서 가장 사랑하시는 것들과 나누시던 교제에 사람이 돌을 던진 것입니다. 사람이 죄를 지었습니다. 하나님께서는 사람에게 스스로 하나님을 사랑하는 것을 선택하라고 자유의지를 주셨었습니다. 하나님께서 원하시는 것은 자신을 사랑하게 되어 있는 로봇이 아니었습니다. 우리에게 의지를 주셔서 우리가 의지적으로 하나님을 선택하기 원하셨던 것입니다.

하나님께서 딜레마에 빠지게 되었습니다. 여기에 하나님께서 크게 사랑하시는 거룩이 있습니다. 공의도 있습니다. 사람도 있는데, 이 사람이, 하나님께서 크게 사랑하시는 것 셋 중의 하나인 사람이 범죄한 것입니다! 하나님께 문제가 생긴 것입니다. 이제 그는 이 셋을 다 가질 수 없게 되었습니다! 사람이 범죄했기 때문에 그를 가지지 못하게 된 것입니다. 그리고 공의와 거룩은 말합니다. "범죄한 그 영혼은 정녕 죽으리라", "죄의 삯은 사망이요", "죄가 장성한즉 사망을 낳느니라!" 하나님은 죄에는 심판이 있다고 선언하셨는데 이 심판은 하나님과 분리되는 것입니다. 하나님께서는 이제 그가 가장 사랑하시는 것들 셋을 다 가질 수 없게 되셨습니다. 만일 죄가 심판되지 않고 죄를 벌하지 않고 사람을 받아들이신다면 하나님께서는 공의를 잃으시게 됩니다. 왜냐하면 공의는 죄를 벌하실 것을 요구하기 때문이지요! 만약 하나님께서 아담과 하와에게 "돌아오라, 모든 것이 용서되었노라"고 하신다면 아담과 하와는 죄의 심판을 받지 않게 되겠지만 하나님은 그의 공의를 잃으시게 되고 만일 그가 공의를 잃으시면 거룩도 잃으시게 됩니다. 공의롭지 않다면 하나님은 거룩하실 수가 없으십니다!

이제 하나님께서는 둘 중 하나를 선택하셔야 했습니다. 사람을 잃고 공의와 거룩을 보유하시든지 아니면 사람을 다시 받아들이고 공의와 거룩을 잃으시든지 해야 했던 것입니다. 하나님께서는 공의와 거룩을 지키시고 사람을 잃기로 선택하셨습니다! 그래서 하나님께서 에덴의 동편에 그룹들과 두루 도는 화염검을 두신 것입니다. 그 화염검은 항상 빙빙 돌고 있습니다. 왜 화염검을 그곳에 두셨습니까? 아담과 하와가 생명나무로 돌아가는 것을 막기 위함이었습니다. 만일 아담과 하와가 동산으로 돌아와 생명나무의 과실을 먹으면 그들이 영원히 살게 될 것이기 때문이었습니다. 그렇게 되면 하나님은 공의도 거룩도 만족시킬 수가 없게 되시는 것입니다. 그래서 아무도 돌이켜 새로운 삶을 산다고 해서 구원을 받지 못하는 것입니다. 새롭게 하는 것이 하나님의 공의를 만족시킬 수 없습니다! 하나님께서 공의롭지 않으시면 거룩하시지도 않습니다. 하나님이 거룩하지 않으시면 하나님은 하나님이 아니십니다. 신성(神性)의 존재가 그의 거룩하심에 달려 있습니다.

한 사람이 교회 통로를 걸어서 단상 아래에 와서 기도하면서 말합니다. “내가 이제는 잘 해야지! 새롭게 출발할 거야! 바르게 살아야지! 술도 끊고 도박도 그만둘 거야! 나의 더러운 삶을 그만 살아야지! 욕도 안 할 거야!” 그러고는 새롭게 시작합니다. 만약 하나님께서 그에게 “좋다, 돌아오너라” 하신다면 죄의 값이 아직 지불되지 않았기 때문에 하나님의 공의는 만족하지 않을 것이며 하나님은 공의를 잃게 될 것입니다. 그리고 하나님이 공의를 잃으시면 그는 거룩하지도 못하실 것입니다. 왜냐하면 공의롭지 못한 것은 죄의 전형이기 때문입니다! 하나님께서 공의를 잃으시면 거룩도 잃으십니다. 새롭게 출발을 한다고 해서 하나님이 죄인을 천국으로 받아들이신다면 하나님이 되지 못하십니다. 공의롭지 못하기 때문입니다!

교회 앞에 나와서 “침례를 받고 싶습니다” 하면서 구원받는데 도움이 될까 하고 생각하는 사람도 구원을 받지 못합니다! 만약에 침례를 받았기 때문에 하나님이 그를 구원하신다면 하나님은 공의롭지 못합니다. 그렇게 되면 그는 거룩하지도 못할 것이며 결국 하나님이 못됩니다.

구원을 위하여 우리가 교회를 의지하려 할 수도 있습니다. 만일 하나님이 우리가 교회의 회원이기 때문에 그에게 다시 나와 그와 교제를 하게 하신다면 하나님의 공의는 만족하지 않습니다. 하나님이 공의롭지 않으시면 거룩하시지도 않습니다. 거룩하지 않으시면 하나님은 하나님이 아니십니다!

침례교인이 된다고 되는 것도 아닙니다! 우리는 이렇게 말하지요. “우리 침례교인들은 믿는 자의 안전보장(security of the believer:믿음으로 구원을 받은 자는 결코 구원을 잃지 않는다는 확신-역자 주)과 구원이 은혜를 인해 믿음으로 말미암는 것을 믿노라!” 그렇지만 그것만으로는 문제가 해결되지 않습니다. 문제는 교회의 것이 아니고 하나님의 신성의 문제인 것입니다! 죄의 형벌이 치러지지 않았는데 하나님이 죄인을 용납하신다면 하나님은 더 이상 하나님이 아니시며 공의도 잃고 거룩도 잃고 신성도 잃으십니다!

에덴동산에서는 아름답고 복된 교제가 있었습니다. 하나님의 공의와 하나님의 거룩 그리고 사람이 함께 교제하였습니다. 그런데 사람이 범죄하였습니다! 그가 하나님을 떠났습니다. 하나님께서는 그의 신성을 지키시고 공의로우셔야 했기 때문에 사람에 대해 자신의 등을 돌리셔야 했습니다.

어떤 사람이 이렇게 말할 것입니다. "하일스 목사님, 우리는 그렇게 보지 않습니다. 우리는 성찬을 먹음으로 천국에 간다고 믿는데요."

친구여, 당신이 거룩한 소를 먹는다고 해도 천국은 못갑니다! 먼저 하나님의 공의를 만족시켜 드려야 합니다. 비록 하나님께서 당신을 사랑하신다 해도 당신의 죄의 빚이 갚아지지 않으면 그는 당신이 그에게 돌아오게 하실 수 없습니다. 그렇지 않으면 하나님은 하나님이 못됩니다. 태양은 지구를 녹여버릴 것이며 달은 그 높이 솟은 곳에서 떨어져 버릴 것입니다. 별들도 하늘에서 떨어져 버릴 것이며 우주는 붕괴되고 말 것입니다! 세상도 없을 것이며 하나님도 없을 것입니다! 교회의 교리가 문제가 아닙니다. 하나님의 존재에 관한 것이 문제인 것입니다. 하나님께서 말씀하십니다. "사람은 범죄하였으므로 더 잘 하겠노라고 다짐한다 해서 내가 그를 돌아오게 할 수는 없다! 내가 그를 사랑하고 돌아오게 되기를 바라고 있다. 그러나 그가 돌아오게 하려고 공의를 희생하고 공의를 잃을 수는 없다. 공의를 희생하고 그가 돌아오게 한다면 나는 거룩도 잃을 것이며 공의와 거룩을 잃어버린다면 나의 신성도 잃는 것이다!"

그렇습니다. 하나님께서는 사람에게 등을 돌리기로 결정하셨습니다. 그럼에도 불구하고 그는 사람을 사랑하셨습니다. 하나님께서는 "내가 공의와 거룩을 지키면서 사람을 돌아오게 할 어떤 길이 있어야 하겠다"고 말씀하셨습니다. 바로 이것이 제가 여기서 말씀드리려는 메시지의 핵심입니다. 이것을 놓치지 말고 잘 보시기를 바랍니다.

영원의 회합(Council of Eternity)에서 성자 하나님이 나서서 말씀합니다. "아버지여, 제게 한 가지 제안이 있습니다. 저를 세상에 보내어 주십시오. 제가 사람이 되게 해주십시오. 처녀에게서 나게 해주십시오. 제가 완전한 삶을 살고 율법을 이루도록 해주십시오. 저로 의가 되게 하시고 범죄치 않게 해주십시오. 제가 십자가에 가서 모든 인류의 모든 죄를 담당하게 하셔서 내게 그것들을 돌리시고 내 이름 앞으로 모든 책임을 달아 주십시오. 그리고 십자가에서 저로 죽게 하시고 당신의 등을 제게 돌리시고 제가 당한 죄값을 사람의 죄를 위한 완전한 죄값으로 받아 주십시오. 그런 다음 저는 장사되었다가 삼일 밤낮 후에 부활하겠습니다. 그렇게 되면 아버지여, 사람들의 죄값이 치러질 것이고 당신께서는 공의를 잃지 않으실 것이고 거룩도 잃지 않고 사람을 다시 돌아오게 하실 수 있으실 것입니다."

제 말을 잘 들어보십시오. 우리가 받은 이 큰 구원이 얼마나 위대한 것인지 알아야 합니다. 우리의 구원은 하나님께서 하나님이신 것을 기초로 하고 있습니다. 누가 고해소에 가서 신부에게 죄를 고백했다고 하나님이 그 죄를 용서하신다면 하나님은 더 이상 하나님이실 수가 없습니다. 교황이 사면을 했다고 하나님께서 그 죄를 용서하신다면 하나님은 하나님이 되지 못합니다. 왜냐고요? 죄는 그 값이 치러져야 하기 때문입니다!

아마 사람들은 말하려 하겠지요. "그렇지만 신부님이 그 죄값을 치르고 있지 않아요?" 아닙니다. 신부는 염려해야 할 자기 죄가 있습니다. 빚이 없는 사람이 빚을 대신 갚는 법입니다. 값을 치를 것이 없는 사람이 대신 값을 치를 수 있습니다.

죄를 짓지 않으시는 분은 한 분밖에 없습니다. 그분은 바로 하나님이십니다. 그래서 하나님이 친히 이 땅에 오셔서 처녀에게서 태어나시어 사람이 되신 것입니다. 성육신하신 하나님 곧 육신으로 오신 하나님이 33년을 이 땅에서 사셨습니다. 그는 하지 말아야 할 말은 한 번도 하신 적이 없습니다. 생각하지 말아야 할 것은 생각하신 적이 없으십니다. 가지 말아야 할 길은 가신 적이 없습니다. 갖지 말아야 할 동기는 가지신 적이 없습니다. 보아서 죄가 될 것은 보신 적이 없습니다. 어떤 죄도 그에게는 들어오지 못했고 그의 가장 흉악한 원수까지도 "이는 참으로 하나님의 아들이시다"고 고백할 정도였습니다. 그를 심문하던 어떤 이는 "참으로 나는 그에게서 아무런 잘못도 찾지 못했다"고 고백했습니다. 예수님은 죄를 지은 일이 결코 없으십니다! 한 번도 죄를 지은 적이 없는 그분이 갈보리에 가셨습니다. 죄의 형벌을 그가 당하셨습니다. 그렇지만 자신의 죄를 위해서는 벌을 받으실 필요가 없었습니다. 그가 당하신 죄의 형벌은 당신과 나의 죄를 위한 것이었습니다.

구원을 받으려고 교회에 가입하지는 마십시오. 그것이 하나님의 공의를 만족시키지 못합니다. 침례로 거듭나려 하지도 마십시오. 그것이 하나님의 공의를 만족시킬 수 없습니다. 성찬을 통해 구원받으려 하지 마십시오. 전능하신 하나님의 공의를 그것이 만족시키지 못합니다. 의로우신 하나님의 공의와 거룩을 만족시키려면 죄의 값이 지불되는 것 외에는 아무 것도 없습니다. 예부터 내려오던 찬송 하나가 이것을 매우 아름답게 노래했습니다.

"내 구주 말씀하신 것을 내가 듣노라.
'네 힘이 비록 작고 아이처럼 약하나
깨어 있어 기도하여라.
내 안에 네게 필요한 모든 것이 있음을 보아라.'
예수님이 모두 갚으셨도다.
모든 것이 다 주님 덕분이로다.
죄가 진홍 자국을 남겼으니
그가 눈처럼 희게 씻으셨도다."
(찬송가 197장 '이 세상 험하고'의 원문 가사를 곡과는 관계없이 번역함-역자 주)

자, 당신의 빚이 지불되어야 합니다! 그 빚은 사망의 빚입니다. 아버지 하나님께서 아들 하나님을 외면하시고 예수께서 "나의 하나님, 나의 하나님, 어찌하여 나를 버리시나이까?"라고 외치셨을 때, 그가 영원 가운데 처음으로 하나님의 등을 보시고 하나님의 교제가 단절되었을 때, 그가 하고 계셨던 일은 무엇입니까? 그는 당신과 나의 죄 그리고 세상의 모든 죄를 지시고 홀로 그 모든 것을 담당하고 계셨던 것입니다! 그때 주님은 하나님 앞에 술주정뱅이로 섰습니다. 그는 창녀로 하나님 앞에 서신 것입니다. 도둑으로 하나님 앞에 섰습니다. 거짓말쟁이로 하나님 앞에 섰습니다. 아버지께서는 자신의 독생자를 보시고는 "유죄!"라고 선언을 하신 것입니다. 하나님은 그를 죄인으로 보셨습니다! 완전하신 분이 불완전한 자가 되셨습니다. 의로우신 분이 죄인이 되셨습니다. 부유하신 분이 가난하게 되셨습니다. 하나님이신 그가 사람이 되신 것입니다. 왜 그랬습니까? 그래야 그가 우리의 죄값을 대신 치를 수 있을 것이기 때문이었습니다.

이제 죄값이 치러졌습니다. 하나님은 범죄한 사람을 보고 말씀하십니다. "사람아, 이제 내가 너를 돌아오게 할 수 있게 되었다. 내가 너를 돌아오게 해도 이제는 나의 공의와 거룩을 잃지 않고 간직할 수 있게 되었다!"

하나님을 송축합시다! 하나님께서 크게 사랑하시는 것 세 가지를 되찾으실 길이 있습니다. 만일 사람이 죄인이 되면 하나님은 사람이나 공의와 거룩 중에 선택하셔야 합니다. 하나님은 공의와 거룩을 택하셨습니다. 이제는 주님이 사람에게 말씀하십니다. "이제 너는 돌아올 수 있다." 예수께서 십자가에서 죽으실 때 십자가의 아래 끝은 우리를 건지신 지옥을 가리키는 것이었습니다. 십자가의 위 끝은 우리를 인도하실 천국을 가리키는 것이었습니다. 동서로 뻗은 양팔은 이제 누구든지 돌아와서 아버지의 영접을 받을 수 있게 되었음을 의미하는 것이었습니다. 그것은 오직 전능하신 하나님의 공의의 한계 내에서 가능한 것이었습니다! 견진성사도 믿지 마세요! 유아침례 구원도 믿지 마세요! 침례중생 구원도 믿지 마세요! 성만찬으로도 안됩니다! 오직 하나님의 은혜를 인하여 구원을 받는 것입니다. 이 큰 은혜를 50번 만세를 불러도 족하지 않습니다. 그것은 하나님의 무한하신 지혜 가운데서 사람이 하나님께 돌아올 수 있고 공의와 거룩이 하나님을 떠날 필요가 없는 한 가지 계획을 생각해 내신 것이 곧 은혜로, 은혜만으로, 구원을 받는 것이었기 때문입니다! 이제 하나님은 사람을 다시 받으실 수 있으십니다. 하나님을 송축합시다! 이제는 우리와 하나님의 공의와 거룩이 하나님과 함께 영원히 평화롭게 살 수 있는 길이 열렸습니다.

그런데 이 모든 것은 한 가지 조건에 달려 있습니다. 그것은 사람이 이것을 받아들이는 것입니다! 하나님께서 우리를 얼마나 사랑하셨는지 당신은 이해하십니까? 우리를 너무도 사랑하셨기 때문에 하나님은 에덴동산에서 우리를 다시 취하실 수가 없었습니다. 만약 우리를 도로 취하셨다면 그는 하나님이실 수가 없었을 것이기 때문이었습니다. 만일 아담과 하와가 동산으로 돌아가 생명나무의 과실을 먹고 영원히 살게 되었다면 그들을 죄값을 지불하는 일이 없이 영원토록 살았을 것입니다. 당신이 누구이든 상관이 없습니다. 죄값을 지불하지 않으면 천국에 들어갈 수가 없습니다.

한 번은 내가 비행기를 탔습니다. 한 남자가 내 옆에 앉았는데 그에게 물었습니다. “선생님, 혹시 직업이 무엇입니까?”

그가 말했습니다. “저는 회계사입니다. 공인회계사이지요.”

조금 있다가 내가 다시 말을 걸었습니다. “이야기를 하나 해드려도 될까요?”

“무슨 이야기인데요?” 라고 그가 대답했습니다.

나는 종이를 한 장 꺼냈습니다. “잠깐 선생님과 함께 회계에 대하여 말씀을 나누고 싶습니다. 이 위에다 선생님의 이름을 적읍시다(그의 이름은 죠였습니다). 여기 죠 블로우 씨의 이름을 적었습니다. 그런데 하늘나라에는 당신의 이름 앞으로 된 죄들이 있습니다. 나는 어렸을 때 야구 글로브를 훔친 적이 있는데 무엇을 훔친 적이 있으세요?"

그는 "예, 있습니다"라고 대답했습니다.

그래서 그 종이의 그의 이름 아래에 "도둑질"이라 적었습니다. 그리고는 "죠, 내가 어렸을 때 못된 말들을 한 적이 있는데 당신은 어떠세요?"라고 물었습니다.

그는 "나도 한 적이 있습니다"고 대답했습니다.

나는 그 종이에다 "욕설"이라 썼습니다. 그 다음에 "나는 사람들을 미워한 적이 있는데 당신은 어떠십니까?"라고 물었습니다.

"나도 그런 적이 있습니다."

그 종이에다 "미워함"이라고 써 넣었습니다. 그리고는 내가 그에게 "죠, 이제 이런 것들이 나와 당신이 행한 모든 일을 대변한다고 합시다"고 했습니다. "당신은 회계사입니다. 이것은 당신의 계정입니다. 당신은 회계사이시니까 회계에는 차변과 대변이 맞아야 하지 않아요? 그렇지만 어떻게 여기서 대차가 맞게 할 수가 있겠습니까? 당신의 죄의 대차를 맞게 하려면 사망이라는 값이 필요합니다(나는 '사망'이라고 그 죄의 목록 맞은 편에 썼습니다). 여기 보세요. 당신에게는 죄의 빚이 있는데 아직 갚지 않았습니다. 언젠가는 그것을 갚아야 합니다. "죠, 하루는 예수께서 갈보리로 가셨습니다. 그가 사망을 당하셨습니다. 그래서 여기 내가 '예수께서 사망을 당하심'이라고 적겠습니다. 예수께서 무언가 빚진 것이 있어야 하겠지요? 죠, 예수님께 있었던 악한 것들을 좀 얘기해 주십시오.

그는 "뭐라고요?"라고 물었습니다.

"예수께서 죄값을 치르셨잖아요. 그에게 그렇게 해야만 할 어떤 것이 있었지 않겠습니까? 예수님의 나빴던 점을 좀 말해 주세요."

그는 "예수님에 대해 그런 것을 알지 못하겠습니다"라고 대답했습니다.

"그러면 그의 선하심에 대하여 좀 말씀해 주세요"라고 내가 말했습니다.

그는 "사랑"이라고 했습니다. 그래서 나는 "사랑"이라고 적었습니다. 그는 "자비"라고 했고 나는 "자비"라고 예수님의 이름 밑에 적었습니다. 그는 "친절"이라고 했고 "친절"이라고 내가 적었습니다. 예수님께 대해 많은 것을 적을 수 있었습니다.

"좋습니다, 죠. 예수께는 아무런 빚이 없습니다. 그에게는 대변이 기입된 것이 있습니다. 그러나 그에게는 대변이 필요가 없습니다. 왜냐하면 그는 빚이 없기 때문이지요."

그가 말했습니다. "그렇군요. 그는 흑자를 기록하고 있습니다."

"예, 그렇습니다. 그리고 당신은 적자입니다! 당신은 차변만 있고 대변이 없습니다. 당신의 차변을 위해 예수님의 대변을 가져오면 좋지 않을까요? 그에게는 그것이 필요없지만 당신은 그것이 꼭 있어야 합니다! 그가 어떻게 하실지 아십니까? 만일 당신이 이 비행기 안에서 지금 머리를 숙이고 하나님께 "사랑하는 하나님, 예수님을 나의 구주로 믿습니다. 그가 나를 천국에 데려가 주시기를 소원합니다"라고 말씀드리면 하나님께서는 당신의 계정에 있는 당신의 이름을 지워버리고 예수님의 이름을 대신 써넣으십니나. 하나님께서는 예수님께서 도둑질이나 욕설이나 속이는 죄를 지으신 것으로 보실 것입니다. 사랑, 자비, 친절이라 적힌 곳의 위에 당신의 이름을 적으실 것입니다. 죠, 만일 당신이 지금 그리스도를 영접하면 하나님께서는 그분의 대변을 당신의 차변으로 옮기실 것입니다. 그러면 당신의 죄의 빚은 갚아지게 될 것이며 당신의 회계는 대차가 맞을 것이고 당신은 천국에서 영원히 살게 될 것입니다. 죠, 그게 전부가 아닙니다! 당신이 지금 그렇게 하면 그리스도를 믿는 그 순간에 하나님은 당신의 기록을 찢어 버리시고 그 모든 죄를 하나님의 등 뒤로 던져 버리시며 다시는 기억하시지 않을 것입니다."

죠가 말했습니다. "나는 그다지 똑똑하지는 못하지만 회계사입니다. 그것이 참 좋은 생각이라고 생각되는데요." 그가 고개를 숙이고 영접의 기도를 드렸습니다. 전능하신 하나님께서 내려 보시고 죠가 예수 그리스도께서 십자가에서 치르신 값을 천국의 소망으로 의지했기 때문에 그의 공의가 만족되는 것을 보셨습니다. 그때 하나님은 가장 크게 기뻐하셨습니다. "할렐루야! 사람을 도로 찾았다. 내가 옛날의 죠를 다시 찾았다. 나의 공의도 지켰고 나의 거룩도 잃지 않았다!"고 하나님이 말씀하셨습니다.

이것은 이상한 일이었습니다. 전에 이런 말을 한 적이 없었습니다. 그렇지만 하나님은 하나님이신 것을 기뻐하십니다! 그는 자신이 하시는 일을 좋아하십니다! 나는 전에 이런 말을 해본 적이 없습니다. 하나님은 자기 일을 좋아하십니다. 그것을 잃어버리기를 원하시지 않습니다. 그래서 하나님으로서 자신의 일을 지키시려면 그는 공의를 지키셔야 합니다. 공의를 잃으시면 거룩도 잃으십니다. 만일 거룩을 잃으시면 그는 보좌를 잃으십니다. 만약 하나님이 보좌에서 쫓겨나시면 사람은 소망이 없습니다! 하나님께 감사를 드릴지니, 옛 회계는 이미 정리되었습니다. 하나님께서는 그의 인자하심으로 자기 아들을 이 땅에 오게 하시고 죄 있는 육체의 모양을 입으시고 그 몸으로 죄의 값을 치르게 하셨습니다! 이제는 누구든지 예수를 바라보며 "예수님, 나는 아무런 자격이 없습니다. 이제 내가 나의 선행으로 되지 않기 때문에 선행을 가지고 나오지 않겠습니다. 성수도 아무런 효력이 없으므로 그것을 가지고 오지 않습니다. 이제 나는 전능하신 하나님의 공의를 만족시키며 그리하여 하나님을 거룩한 분이시게 하며 하나님이시게 하는 그 한 가지 것을 가지고 나옵니다. 예수님, 당신을 믿사오며 나의 구주로 영접하나이다! 나의 행위가 아니고 당신이 하신 일(행위)을 의지하나이다. 나는 나의 행위나 교회가 하는 일이나 신부가 하는 일이나 목사가 하는 일, 랍비가 하는 일 또는 교황이 하는 일을 의지하지 않습니다! 나는 다른 사람이 하는 어떤 일도 의지하지 않습니다. 오직 예수께서 하신 일만 의지합니다!"라고 말한다면 구원을 받을 것입니다.

우리가 주님을 구주로 믿을 때 하늘의 하나님이 손뼉을 치시며 말씀하십니다. "영광이로다! 영광이로다! 공의에 영광이로다! 내 공의가 만족했도다. 나의 거룩은 영원히 온전하도다. 이제는 사람을 다시 찾았다." 하나님, 사람, 공의, 거룩이 영원, 영원히 함께 살게 되었습니다.

우리는 여기서 하나님이 크게 사랑하시는 것 세 가지를 보았습니다. 모두가 예수께서 우리 죄를 위해 대신 죽으신 일을 우리가 어떻게 하느냐에 따라 결정되는 것입니다. 하나님은 우리를 다시 찾기를 원하고 계십니다. 그렇지만 우리를 다시 찾기 위해 그의 공의를 희생하지는 않으십니다. 하나님의 성품이 공의로우시기 때문에 우리보다는 공의를 지키려 하실 것입니다. 하나님의 성품이 거룩하기 때문에 우리보다는 거룩을 지키려 하실 것입니다.

하나님께서 말씀하셨습니다. "자, 사람을 잃어버렸는데 이제 어떻게 하면 좋을까? 사람을 찾으려 너희 공의와 거룩 둘을 잃을까? 아니면 너희 둘을 지키고 사람을 잃어버리고 말까? 아니다. 한 가지 계획을 세워 사람이 믿음을 통해 내게 오게 하여 너 공의와 너 거룩과 너 사람을 다 지킬 수 있게 하리라."

이제는 하나님의 공의와 거룩을 지키시고 사람을 구원하시는 이 능력 있고 놀라운 구원의 계획을 찬양하기 위해 누군가가 "못박혀 죽으신 하나님 어린 양"이나 "나는 갈 길 모르니"에 버금가는 노래를 지어야 하겠습니다. 그것은 놀라운 계획입니다! 그것은 하나님께서 당신을 다시 찾으시며 다시 찾은 당신에게 하나님이 무엇이든 주실 수 있는 유일한 계획입니다.

chapter 13

칭의

13. 칭의

로마서 4:1-5, "그런즉 육신으로 우리 조상된 아브라함이 무엇을 얻었다 하리요? 만일 아브라함이 행위로써 의롭다 하심을 얻었으면 자랑할 것이 있으려니와 하나님 앞에서는 없느니라. 성령이 무엇을 말하느뇨? 아브라함이 하나님을 믿으매 이것이 저에게 의로 여기신 바 되었느니라. 일하는 자에게는 그 삯을 은혜로 여기지 아니하고 빚으로 여기거니와 일을 아니 할지라도 경건치 아니한 자를 의롭다 하시는 일을 믿는 자에게는 그 믿음을 의로 여기시나니."

로마서 5:1, "그러므로 우리가 믿음으로 의롭다 하심을 얻었은즉 우리 주 예수 그리스도로 말미암아 하나님으로 더불어 화평을 누리자."

로마서 3:18, "그러므로 사람이 의롭다 하심을 얻는 것은 율법의 행위에 있지 않고 믿음으로 되는 줄 우리가 인정하노라."

야고보서 2:17-21, "이와 같이 행함이 없는 믿음은 그 자체가 죽은 것이니라. 혹이 가로되 너는 믿음이 있고 나는 행함이 있으니 행함이 없는 네 믿음을 내게 보이라. 나는 행함으로 내 믿음을 네게 보이리라. 네가 하나님은 한 분이신 줄을 믿느냐? 잘 하는도다. 귀신들도 믿고 떠느니라. 아아, 허탄한 사람아. 행함이 없는 믿음이 헛 것인 줄을 알고자 하느냐? 우리 조상 아브라함이 그 아들 이삭을 제단에 드릴 때에 행함으로 의롭다 하심을 받은 것이 아니냐?"

이상의 말씀들은 서로 모순된 것처럼 보입니다. 로마서 5:1에서 사람은 믿음으로 의롭게 된다고 분명히 말했는데 야고보서 2장은 사람이 행함으로 의롭게 된다고 하였습니다. 여기에는 빠져나갈 구멍이 없는 것처럼 보입니다. 분명히 모순처럼 생각됩니다. 누가 맞습니까? 사람이 믿음으로 의롭게 된다는 바울이 맞습니까, 아니면 행함으로 의롭게 된다는 야고보가 맞습니까? 물론 둘 다 맞다는 것을 우리는 알고 있습니다.

우리를 보고 판단하는 인물이 둘 있습니다. 하나님과 사람이 그들입니다. 우리는 로마서에서 가르치는 것처럼 하나님 앞에서는 믿음으로 의롭게 됩니다. 사람들 앞에서는 야고보의 말처럼 행함으로 의롭다 함을 얻습니다. 하나님은 마음을 보십니다. 하나님은 그렇게 하실 수 있기 때문에 우리의 마음에 있는 믿음을 보십니다. 우리가 그리스도를 영접할 때 그것을 보실 수 있는 하나님께서 우리를 죄를 한 번도 지은 적이 없는 사람처럼 의롭게 보시는 것입니다. 하나님은 우리가 거룩하다고 선언하십니다. 우리의 죄를 용서하실 뿐만 아니라 기억지도 아니하십니다. 그리고 우리가 죄를 한 번도 짓지 않은 것으로 선언하십니다. 이것이 사람에 대한 하나님의 칭의(의롭다고 하심)입니다. 하나님께서 이렇게 하실 수 있는 것은 그가 우리의 마음을 보시기 때문입니다.

그런데 사람은 오직 겉모습만 볼 수 있습니다. 사람이 믿는 자가 믿는 자인 것을 볼 수 있는 유일한 길은 그의 행위를 보는 것입니다.

해몬드의 제일침례교회에는 해군 수병들을 위한 사역이 있습니다. 내가 길에서 두 수병을 만난다고 합시다. 한 사람은 수병의 유니폼을 입었고 한 사람은 입지 않았습니다. 하나님은 두 사람이 다 수병인 것을 아십니다. 그러나 나는 그렇지 못합니다. 내가 그들이 수병인 것을 알 수 있는 유일한 길은 그들의 유니폼입니다. 나는 한 사람은 수병이라고 판단합니다. 유니폼을 입지 않은 사람에게는 그가 수병인 어떤 표가 없습니다. 나는 외모를 보는 것 외에는 판단할 길이 없습니다. 그것처럼 하나님은 마음을 보시기 때문에 우리의 믿음을 보시고 자신이 보시기에 우리를 의롭다고 하십니다. 마음을 보지 못하는 사람은 우리의 행위를 볼 때만 우리를 의롭다고 할 수 있습니다.

다음 주일 아침에 우리 동네의 성인영화관의 주인이 교회에 와서 그리스도를 구주로 고백한다고 합시다. 그가 진정으로 그렇게 한다면 하나님께서 그의 마음에 있는 진지함과 믿음을 보실 수 있기 때문에 그는 즉시로 하나님 앞에서 의롭다 함을 얻을 것입니다. 그런데 그 다음 주일 아침에 한 아버지가 자기 아들을 주일학교의 새 신자반에 데리고 가는데 거기서 지난 주에 구원을 받은 이 사람이 문 앞에서 아이들을 영접하고 있는 것을 봅니다. 그 아버지는 성인영화관 주인이 그곳에 서 있는 것이 마음에 걸려서 그가 새 신자반 문 앞에서 뭘 하고 있느냐고 묻습니다. 그는 자신이 새 신자반의 새로운 부장 선생이라고 대답합니다. 이 사람의 손에 자기 아들을 맡길 부모는 아무도 없을 것입니다. 그가 참으로 구원을 받았고 하나님께서 그의 믿음을 보시고 의롭다고 하셨을 수 있습니다. 그 아버지가 목사님께 가서 말합니다. "목사님, 새 신자반의 새로운 부장 선생이 누구인지 아세요?"

목사님이 대답합니다. "예, 그 사람은 지난 주에 구원을 받았는데 우리

동네 성인영화관의 주인입니다."

이 아버지가 놀라는 것은 무리가 아닙니다. "목사님, 지금 그를 부장으로 세워서는 안된다고 생각하는데요. 자신을 스스로 증명할 필요가 있잖아요. 얼마 동안 기다려 보고 그가 진지한 것을 자기 삶으로 증명하는 것을 보아야지요. 나는 내 아이를 일 주전만 해도 성인영화관을 운영하던 그런 사람의 영향 아래 두고 싶지 않습니다."

어떤 부모라도 이 아버지의 입장을 이해할 수 있으리라 생각합니다. 새로운 그리스도인들은 하나님께서 믿음을 보시기 때문에 하나님 앞에서는 의롭게 되었습니다. 그러나 그 아이의 아버지는 그의 믿음을 볼 수 없습니다. 그는 그의 행함을 볼 때까지 기다려야 합니다. 당연히 그 같은 중요한 직책을 얻기 전에 자신을 증명하는 것이 있어야 합니다!

바울이 로마서에서 말하는 의롭다 함을 얻는 것(칭의)은 하나님이 죄인의 믿음을 보시고 그가 한 번도 죄를 짓지 않은 것으로 선언하시는 것입니다. 야고보가 말하는 칭의는 그 아이의 아버지가 말하는 그 같은 것입니다. 그가 새로이 믿는 자라고 말하는 사람의 믿음을 볼 수 없기 때문에 그의 믿음이 행함으로 증명되기를 원하는 것입니다.

로마서 10:9-10, "네가 만일 네 입으로 예수를 주로 시인하며 또 하나님께서 그를 죽은 자 가운데서 살리신 것을 네 마음에 믿으면 구원을 얻으리니 사람이 마음으로 믿어 의에 이르고 입으로 시인하여 구원에 이르느니라." 마음으로 믿으면 새 신자는 하나님 앞에서 의롭게 됩니다. 입으로의 시인 곧 삶을 통하여 새 신자는 사람들 앞에서 의롭게 되는 것입니다. 그래서 예수님은 우리에게 우리의 빛을 사람들 앞에 비취게 하여 저들이 우리들의 착한 행실을 보고 하늘에 계신 우리 아버지께 영광을 돌리게 하라고 말씀하신 것입니다. 사람은 행위를 보는 것 외에 다른 사람의 진정한 모습을 알 길이 없습니다.

야고보서 3, 4, 5장에서는 사람들 앞에 우리의 믿음을 보여줄 수 있는 세 가지 길을 볼 수 있습니다. 3장에서 우리의 믿음은 우리의 혀를 잘 사용함으로 증명할 수 있다고 말합니다. 하나님께서는 우리의 마음에 있는 믿음을 보시기 때문에 우리가 구원받은 것을 아십니다. 그러나 마음을 볼 수 없는 사람은 행함을 보고 다른 사람을 의롭다고 인정합니다. 이런 행함들 가운데 하나가 혀의 사용입니다. 한때 그의 말이 불경했는데 이제는 영적인 말을 합니다. 전에는 육신의 것을 노래했는데 이제는 영적인 일을 노래합니다. 전에는 다른 사람들에 대해 나쁜 말을 했는데 이제는 험담을 삼갑니다. 한 사람의 혀의 사용이 변하는 것을 볼 때 우리는 그의 믿음과 고백의 진정함을 믿습니다.

야고보서 4장은 우리의 삶의 자세를 통해 우리의 믿음이 사람들 앞에서 증명된다고 합니다.

수년 전에 한 사람이 우리 교회에 와서 나를 조력하는 일을 깊이 생각했던 적이 있습니다. 마음으로 이 계획을 저울질하면서 그는 테네시주의 챠타누가시(Chattanooga,TN)를 방문했습니다. 친구와 함께 시내를 갔는데 친구에게서 그들 앞에 걸어가고 있는 사람이 잭 하일스 목사의 딸 베키 스미스(Becky Smith)라는 말을 들었습니다. 나를 조력할 것을 고려 중이던 그 사람이 친구에게 이렇게 말했습니다. "나를 그녀에게 소개하지 말고 그냥 그녀의 처신하는 행동을 보자." 마침 그때 베키는 제이씨 페니 백화점(J. C. Penny Store: 미국의 대형 백화점의 하나-역자 주)에 가는 길이었습니다. 그 두 사람은 그녀를 자세히 지켜보았습니다. 나중에 그들은 그녀가 완전한 숙녀였노라고 말했습니다. 예의 바르고 공손하고 친절하며 참으로 아버지의 자랑이 될 만한 딸이었다고 했습니다. 내가 믿기는 베키의 그런 행동가짐이 이 사람으로 하여금 나와 함께 일하자는 나의 제안을 받아들이는데 어떤 역할을 했다고 생각합니다. 나의 사역이 나의 딸의 행동가짐을 통해 증명된 셈입니다. 그녀의 삶의 자세가 아버지의 사역을 증명한 것이지요.

오래 전에 텍사스주 가알랜드(Garland, TX)에서 내가 목회할 때 한 가족이 있었는데 그들을 그리스도께 인도할 수가 없었습니다. 그들을 주님께 인도하려고 내가 시도해 보았고 구령자들을 보내기도 하였고 직원들 중에 거의 모든 사람을 보내 보았지만 허사였습니다. 그러던 어느 날 정오 즈음에 그 지역을 맡은 한 우체부가 길모퉁이 앉아서 점심을 먹었습니다. 그가 점심을 먹으려고 앉은 길모퉁이는 우리가 그토록 인도하려고 노력하던 그 집의 맞은편에 있었습니다. 그 집의 부인이 밖을 내다보다가 우체부가 점심을 먹으려 하는 것을 보았습니다. 그런데 그녀는 우체부가 먼저 고개를 숙이고 기도하는 것을 목격하였습니다. 그는 모자를 벗고 고개를 숙이고 음식을 인해 하나님께 감사를 드렸습니다. 그 날은 얼음이 얼고 추운 날이었습니다. 우체부의 모자에는 고드름이 달려 있었지만 그는 모자를 벗고 고개를 숙이고 기도했습니다. 매우 깊은 감명을 받은 부인은 남편이 돌아오자 그 이야기를 했습니다. 다음 주일에 두 사람이 교회에 왔습니다. 그리고는 예수 그리스도에 대한 믿음을 고백했습니다. 그들을 자신들에게 가장 큰 영향을 미친 것이 우리 교회의 우체부가 추운 빗물 속에서 모자를 벗고 기도를 드리는 모습이었다고 했습니다. 그들을 그 우체부의 행동과 삶의 자세를 보고 우리 교회를 인정한 것입니다.

세상은 우리의 믿음이 나타나기를 기다리고 있습니다. 세상은 우리의 행함을 보고 판단할 수 밖에 없습니다. 그런 행함에는 혀를 바로 사용하는 것과 삶의 올바른 자세가 있습니다.

몇 해 전에 우리 교회의 길 건너편에 일단의 십대들이 공동형태의 생활을 하기로 했습니다. 한 청년과 여자 친구가 책임을 맡고 있었습니다. 참으로 형편없는 상황이었습니다. 이 청년들은 온갖 부도덕한 짓들을 하면서 마약을 상용하고 폭음을 했습니다. 그들은 그 집 앞에서 자기들의 조직을 알리는 전단을 돌리기도 했습니다. 그 전단에는 가장 악한 욕설들과 사악한 말들이 있었습니다. 우리가 그들에게 복음을 전했지만 소용이 없었습니다. 시청에 말해서 이들이 문을 닫도록 해보려 했지만 그것도 허사였습니다. 갖은 수단과 방법을 다하여 그들이 문을 닫도록 해보았으나 아무 소용이 없었습니다.

어느 월요일 아침 우리가 직원회를 하고 있었습니다. 내가 본당으로 들어가는 복도 쪽에 난 창문으로 밖을 보다가 그 복도에 길 건너의 그 부도덕한 집단의 매니저가 서 있는 것을 보았습니다. 그는 창 안으로 들여다보며 내게 밖으로 나오라고 손짓을 했습니다. 내가 나갔습니다. 내가 그에게 갔을 때 그는 울고 있었습니다. 나는 그에게 무슨 일이야고 물었습니다. 그는 “목사님, 나는 구원을 받아야 합니다”고 했습니다. 내가 얼마나 놀랐겠습니까! 그는 계속해서 말하기를 자기가 그 악한 집단의 매니저로 수개월 동안 일을 하면서 나와 직원들 그리고 우리들의 행동을 유심히 지켜보았다고 했습니다. 그는 “목사님, 내가 사람들을 음란의 길로 빠져들게 하는 동안 목사님은 가난한 사람들에게 음식을 가져다주는 것을 보았습니다. 내가 아이들과 젊은 사람들을 지옥으로 끌고 가려 하는데 목사님은 그들에게 친절을 베푸시는 것을 보았습니다. 나는 길 저편에서 목사님과 목사님 교회의 성도들을 지켜보았습니다. 지금 나는 죽을 것만 같습니다. 목사님이 가지고 계신 것을 나도 갖고 싶습니다!” 잠시 후에 그도 그것을 갖게 되었습니다. 다음 주일 아침에 그는 머리를 단정히 깎고 면도를 깨끗이 하고 깨끗한 흰 셔츠를 입고 잘 다린 바지에 어울리는 넥타이를 매고 교회 앞에서 예수 그리스도를 자기 구주로 고백했습니다! 그리고 그 다음 주에는 그의 조직이 문을 닫았습니다. 무엇이 그렇게 했습니까? 제일침례교회의 성도들의 삶의 모습이 그렇게 했습니다. 우리의 신앙이 우리 성도들의 삶으로 증거된 것입니다.

세상은 우리에게서 저들에게는 없는 어떤 것이 있는지 보려고 지켜볼 것입니다. 저들이 록 뮤직을 듣는데 어떤 그리스도인들도 그것을 듣습니다. 그들이 하는 옷차림을 저들도 하고 그들이 부르는 노래를 저들도 부르고 그들이 가는 곳에 가고 그들이 하는 말들을 하고 있습니다. 세상이 이들에게서 어떻게 기독교가 가지고 있는 참된 것을 볼 수 있겠습니까? 저들은 세상의 눈에 저들이 사는 삶의 모습으로 자기들의 신앙을 증거하지 못하고 있습니다.

야고보서 3장은 우리가 혀를 어떻게 쓰느냐에 따라 사람들의 눈에 그리스도인으로 나타날 수가 있다고 합니다. 야고보서 4장은 우리의 삶의 자세를 통해 우리가 그리스도인인 것이 증거된다고 합니다. 야고보서 5장은 우리가 서로 돌아보는 것에 의해 우리의 믿음이 증거된다고 했습니다. 저들이 우리의 믿음을 볼 수가 없기 때문에 우리 믿음의 결과 곧 우리의 행위를 보아야 하는 것입니다.

몇 년 전에 한 여인이 그리스도를 구주로 영접하려고 예배 후에 앞으로 나왔습니다. 그런데 아무도 그녀와 이야기를 할 수가 없었습니다. 그녀가 영어를 하지 못했기 때문입니다. 내가 스페인어를 하는 상담자를 오게 해서 그녀와 이야기를 하게 했습니다. 그와의 대화를 통해 그녀는 은혜스럽게 구원을 받았습니다. 나중에 나는 그녀에게 가서 그녀를 주님께로 인도한 그 사람을 통해 이야기를 했습니다. 그녀는 생활의 여유가 있는 여인임이 틀림없었습니다. 옷을 단정히 입었고 밍크코트를 걸치고 있었습니다. 통역을 통해 나는 그녀에게 내가 설교 중에 한 말들을 얼마나 이해할 수 있었느냐고 물었습니다. 그녀는 이해할 수 없었다고 했습니다. 그래서 나는 그녀에게 그러면 어떻게 구원을 받기 위해 앞으로 나오게 되었는지 물었습니다. 그녀는 네 살 난 조카가 폐렴으로 죽었는데 그 장례식에서 내가 설교를 했었다고 했습니다. 그녀는 그 장례식에서 내가 하는 말을 이해하지 못했지만 내가 연민을 가지고 있음을 느낄 수가 있었다고 했습니다. 통역을 통해 그녀는 나의 눈물을 보고 내가 그 아이와 그 가족을 사랑하고 있었고 그들이 고통하는 것처럼 내가 고통하고 있었으며 그들과 함께 마음 아파하는 것을 느낄 수 있었노라고 했습니다. 그녀는 그때 하나님께 언젠가는 주일에 교회에 와서 예배를 함께 하겠다고 약속을 했다고 말했습니다. 그녀는 그렇게 했고 비록 내가 한 말은 하나도 이해하지 못했지만, 그녀는 말하기를 “목사님, 당신의 웃음은 내가 이해합니다. 당신의 눈물은 내가 볼 수 있습니다. 당신의 얼굴에 나타난 간절함은 내가 볼 수 있습니다. 내가 구원을 받고자 했던 것은 그것이 매우 좋아 보였기 때문입니다”라고 했습니다. 나의 신앙(믿음)이 죽은 네 살 난 소년과 그 부모에 대한 나의 관심으로 인해 증거되었습니다. 주님이 우리를 도우셔서 우리가 가지고 있는 믿음이 “매우 좋아 보이게” 되기를 바랍니다.

수년 전에 내가 치과에 가야 했던 일이 있었습니다. 그때 내가 갔던 치과 의사는 부인을 접수원 겸 간호사로 쓰고 있었습니다. 내가 그곳에 갈 때마다 그녀에게 주님을 증거하려 했지만 매번 실패로 끝이 났었습니다. 어느 겨울날 내가 대기실에서 나의 차례를 기다리고 있었습니다. 다시 그녀에게 복음을 전하려 했지만 뜻을 이루지 못했습니다. 아무 말로도 그녀를 주께 인도할 수가 없었습니다. 그날 내가 대기실에서 오래된 잡지를 읽고 앉았는데 한 나이든 부인이 들어왔습니다. 그녀는 낡은 테니스화를 신고 있었습니다. 남루한 옷차림을 한 그녀는 손에 손수건으로 싼 틀니 한 벌을 들고 있었습니다. 손수건과 틀니에는 피가 묻어 있었습니다. 그녀가 들어올 때 의사 부인이 “메어리, 내가 도울 일이 있어요?” 하고 말했습니다.

메어리는 이가 없는 입으로 말했습니다. “내 틀니가 말썽이요! 도무지 맞지를 않아요! 맞도록 고쳐야 하겠어요!”

의사 부인이 말했습니다. “메어리, 당신 틀니는 보증 기간이 지나갔어요. 좀 일찍 가져와야 했답니다. 지금은 너무 늦었어요!”

메어리는 그것을 좀 일찍 가져올 수가 없었노라고 말했습니다. 날씨가 그동안 나빴고 치과 의사의 사무실에서 약 5km나 떨어진 곳에서 살고 있었기 때문에 날씨가 누그러질 때까지는 그곳에 올 수가 없었노라고 했습니다. 의사 부인이 다시 말했습니다. “메어리, 너무 늦었어요. 보증 기간이 지났다니까요.”

메어리가 눈물을 흘리며 애원을 했지만 소용이 없었습니다.

내가 그 의사 부인에게 말했습니다. “메어리에게 같은 틀니를 새로 해주려면 얼마나 듭니까?”

그녀는 “목사님, 400불 조금 더 됩니다”라고 대답했습니다.

“그녀에게 새로 만들어 주시고 그 값은 내게 매기십시오”라고 내가 말했습니다. 의사 부인은 놀라서 할 말을 잊었습니다.

이틀 후에 내 사무실에 전화가 왔습니다. 비서가 말했습니다. “목사님, 치과 의사 부인이신데 목사님께 드릴 말씀이 있답니다.” 내가 전화를 받았을 때 그녀는 “목사님, 지금 내가 가서 목사님께 말씀을 좀 드려도 되겠습니까?”라고 말했습니다. 그녀는 와서 내가 메어리의 새 틀니 값을 내게 매기라고 한 일이 있은 후 잠을 잘 수 없었노라고 했습니다. 그녀는 눈물이 흐르는 눈으로 나를 보며 말했습니다. “목사님, 이제 내가 구원을 받아야 할 때가 된 것 같습니다.” 그날 그녀는 나의 사무실에서 그리스도를 자기 구주로 영접했습니다. 그 순간에 나의 설교가 하지 못했던 일,

나의 전도가 하지 못했던 일을 다른 사람에 대한 나의 관심이 해낸 것입니다. 전도에 성공하기보다는 실패한 적인 훨씬 많은 것 같지만 가끔 이런 일들이 하나님 앞에서는 우리의 믿음이 의롭다 함을 얻게 하지만 우리의 믿음을 볼 수 없는 사람에게는 우리의 믿음이 서로에 대한 관심으로 인해 의롭게 나타남을 알게 해줍니다.

목사들이 서로 싸우는 말을 들을 때 사람들이 구원을 받으려 하지 않는 것은 당연한 것입니다! 교회가 쪼개지고 미움과 증오로 가득 찰 때 사람들이 우리들의 믿음을 인정치 않는 것은 당연한 것입니다! 세상은 우리가 우리의 믿음을 우리의 행위로 증거하기를 기다리며 지켜보고 있습니다.

내가 어렸을 때 아버지와 어머니는 내게 최선의 길이라고 각자 생각하는 대로 나를 인도하려 했습니다. 어머니는 나를 교회로 데려갔고 아버지는 나를 술집에 데려다가 술상에 앉혔습니다. 어머니는 내게 성경을 읽어주며 그것이 진리라고 했고 아버지는 성경은 믿을 것이 못된다고 했습니다. 어머니는 나를 주일 아침, 주일 저녁, 그리고 수요일 저녁마다 교회에 데려갔습니다. 아버지는 그것이 어리석은 짓이라고 했습니다. 어머니는 내게 십일조 드리는 것을 가르쳤고 아버지는 목사는 돈만 아는 자들이라고 했습니다. 어머니는 목사님을 신뢰하고 깨끗하고 순결한 사람들이라고 말씀했습니다. 나는 아버지도 어머니도 사랑했습니다. 나는 두 분의 삶을 지켜보면서 누구의 말이 증명되어지는지 보았습니다. 어머니의 믿음이 참되며 어머니의 성경이 하나님의 말씀이며 어머니의 삶의 길이 최선인 것을 확신하게 되었고 어머니의 삶에서 믿음이 증거되어지는 것을 보았기 때문에 나도 어머니의 성경을 믿고 어머니의 길을 따르게 되었습니다!

수년이 흐른 뒤에 나는 군에 입대하여 낙하산병이 되었습니다. 2차대전에 참전했고 전쟁이 끝날 때 제대했습니다. 그리고 1년간 텍사스 종합대학교를 다녔습니다. 거기서 나의 믿음이 교수들에 의하여 흔들리게 되었습니다! 그해 절반가량이 지날 때까지 나는 성경을 의심하였습니다. 어머니의 믿음을 의심하고 아버지가 맞을지 모른다고 생각했습니다. 많은 교수들이 아버지가 말씀하신 것같이 말을 했기 때문이었습니다. 나는 매우 혼동되었습니다.

결국 나는 아버지와 어머니 두 분 중에 누가 옳은지 알기 위해 한 가지 일을 하기로 결심했습니다. 무릎을 꿇고 성경을 죽 읽어 내려가기로 한 것입니다. 매일 무릎을 꿇고 성경을 읽었습니다. 창세기에서 시작하여 전체를 읽어 내려갔습니다! 내가 진지한 마음으로 그것을 찾기를 다하고 성경의 마지막 장을 읽었을 때 나는 두 발로 힘있게 일어서며 말했습니다. "어머니의 말씀이 맞다!" 나는 어머니의 살아가는 모습을 지켜보았었습니다. 걸어서 교회를 가시는 모습을 보았습니다. 때로는 10리나 되는 길을, 어떤 날에는 혹독한 날씨에도 아랑곳 없이, 걸어서 교회에 가셨습니다. 주일 아침, 주일 저녁, 그리고 수요일 저녁마다 교회를 가셨습니다. 내가 어렸을 때 나를 무릎 위에 올려놓으시고는 "네가 있는 곳에 빛을 비추라"는 찬송을 하시던 어머니였습니다. 매일 밤 내게 30분씩 성경을 읽어주시는 성경이 하나님의 말씀이라 하시며 그것을 세 번씩 따라하게 하셨습니다. 성경이 예수님에 관한 이야기이며 그가 하나님의 아들이라 하시고 그것도 세 번씩 따라 하게 하셨습니다. 매일 밤 어머니의 무릎에 엎드려서 "이제 내가 잠자리에 들어갑니다. 주님, 나의 영혼을 지켜주세요. 내가 깨기 전에 죽는다면 나의 영혼을 데려가 주세요. 엄마, 아빠, 얼린과 나, 그리고 모든 사람을 축복해 주세요. 내가 착한 아이가 되게 해주세요. 아멘." 하고 기도했습니다(이 일들은 모두 매일 밤 우리 집에서 있었던 일입니다). 어머니는 하루 50센트씩 받고 공립학교에서 일하시면서 매일 3km를 걸어 출근하셨다가 다시 3km를 걸어서 집에 돌아오셨습니다. 나는 어머니가 나를 위해 시간을 내어 아빠 노릇까지 하시려고 애쓰시는 모습을 보았습니다. 기도하시는 것을 들었고 어머니의 사랑을 늘 느끼며 자랐습니다. 어머니는 입술의 말로, 생활의 모습으로, 또 다른 사람들에 대한 관심으로 내게 성경이 진리이며 그리스도는 살아계시고 구원은 실제인 것을 보여주셨습니다! 오래 전에 어머니는 그리스도를 믿음으로 하나님 앞에서 의롭다 함을 얻으셨습니다. 하나님은 어머니가 믿음을 가지실 때 이미 의롭다고 하셨습니다. 그러나 어머니의 아들인 나는 여러 해 동안 어머니의 삶을 관찰해보고 어머니가 옳으신 것을 인정하게 된 것입니다.

에베소서 4:32, "서로 인자하게 하며 불쌍히 여기며 서로 용서하기를 하나님이 그리스도 안에서 너희를 용서하심과 같이 하라." 이 말씀은 내가 하나님처럼 용서해야 한다고 말씀합니다. 내가 하나님처럼 용서하려면 하나님의 용서가 어떠한 것인지 알아보고 부족함이 없이 그의 명령에 순종할 수 있게 해야 합니다. 나는 성경에서부터 그분이 용서하시는 것을 압니다. 또 그가 우리의 죄를 기억조차 하지 않으시는 것을 압니다.

뿐만 아니라 우리가 믿음으로 그분께 나올 때 우리를 용서하시고 우리의 죄를 기억지 않으시며 또 우리를 의롭다고 하시는 것을 압니다. 주님은 우리를 의롭다고 선언하십니다. 마치 우리가 한 번도 죄를 짓지 않은 것처럼 보시는 것이지요. 그분은 우리 죄를 그분의 기록에 올리지 않으십니다. 바로 그런 것입니다! 나도 이렇게 용서해야 한다는 말입니다. 나는 이것을 의롭게 된 용서(Justified Forgiveness)라고 부릅니다. 하나님이 나를 용서하신 그런 식으로 나도 용서해야 하는 것입니다. 그 말은 내가 용서하고 잊어버려야 하며 내게 죄지은 사람을 죄 없다고 해야 하고 마치 내게 죄를 지은 적이 없는 것처럼 대해야 한다는 것입니다. 어떤 사람이 내게 죄를 지으면 그것을 그 사람 앞으로 달아 놓으면 안 됩니다. 용서해야 하고 내게 죄지은 것을 잊어야 하고 요즈음 말로 하면 컴퓨터에 입력하지 말아야 합니다!

나는 매주 많은 상담을 합니다. 내가 나와 상담한 사람들의 문제를 잊을 수 있다는 것은 축복입니다. 그들은 내게 그들이 행한 일들, 지은 죄들을 이야기합니다. 교회 복도에서 그들을 다시 만날 때 그런 것들을 기억하는 법이 없습니다. 왜냐하면 그들을 의롭게 된 용서로 용서했기 때문입니다. 그들의 죄가 나의 컴퓨터에 저장되어 있지 않습니다. 때로 아주 불쾌하고 고약한 편지들을 받으면 나는 이 의롭게 된 용서를 실천하려 합니다. 그것이 바로 그리스도의 마음이 아니겠습니까! 빌립보서 2:5, “너희 안에 이 마음을 품으라 곧 그리스도 예수의 마음이니.” 빌립보서 4:8, “종말로 형제들아. 무엇에든지 참되며, 무엇에든지 경건하며, 무엇에든지 옳으며, 무엇에든지 정결하며, 무엇에든지 사랑할만하며, 무엇에든지 칭찬할만하며, 무슨 덕이 있든지 무슨 기림이 있든지 이것들을 생각하라."

나는 지금 이 장을 새벽 2시 45분에 쓰고 있습니다. 캘리포니아의 산길을 달리며 샌프란시스코 공항으로 가고 있습니다. 몇 시간 전에는 설교를 했습니다. 설교를 마쳤을 때 한 젊은이가 내게 와서 말했습니다. "전에 제가 하일스 앤더슨 대학을 다닌 적이 있습니다."

내가 그를 알아 보고 말했습니다. "예, 기억이 납니다. 그래 요즘 어떻게 지내세요?"

그의 표정이 이상해졌습니다. 어떤 죄의식을 느끼는 것처럼 보였습니다. 그는 "기억 안 나세요?" 하고 내게 물었습니다.

내가 "무슨 기억 말입니까?" 했습니다.

그는 "내가 퇴학당했는데 그 기억 안 나십니까?" 했습니다.

나는 그에게 "기억이 날 리가 있나요?" 했습니다.

그는 "그때 나는 목사님의 사무실에서 징계위원회와 함께 모였었습니다"라고 했습니다.

내가 그에게 이렇게 말했습니다. "이것 보세요, 형제. 나는 그것을 내 머릿속 컴퓨터에 저장해 놓지 않았어요. 나는 용서했고, 잊어버렸고, 지금 당신은 내 앞에서 한 번도 죄를 짓지 않은 것처럼 의롭답니다." 나는 이것을 의롭게 된 용서라고 부릅니다.

몇 년 전에 한 목사가 나의 사역을 방해하고 파괴해 버리겠다고 맹세를 했습니다. 수년이 지나서 오히려 그가 사역을 떠나 오랜 기간이 흐른 때였습니다. 어느 날 내가 그를 생각하게 되어 그에게 편지하여 그가 사역의 길로 돌아오는데 내가 도울 수 있는 어떤 일이 있는지 물었습니다. 나는 그에게 그를 위해 어떤 교회를 찾아보든지 부흥사가 되기를 원하면 집회를 인도할 수 있도록 주선을 하든지 내가 할 수 있는 일은 무엇이든지 하겠노라고 했습니다. 그가 내게 답장을 하면서 그는 자신이 무슨 말을 해야 할지 멍멍한 가운데 있노라고 했습니다. 그는 수년 전에 자신이 나를 파괴하려고 그렇게 못된 짓을 했는데 어떻게 내가 그런 제안을 할 수 있느냐고 물었습니다. 솔직히 말씀드려서 나는 그가 나의 사역을 망치게 하려고 했던 일을 다 잊고 있었습니다. 나의 컴퓨터에 그것을 저장시키지 않았던 것입니다. 이것을 나는 의롭게 된 용서라고 부릅니다.

많은 사람들이 나의 어머니께 내가 어렸을 때 어떤 아이였느냐고 묻습니다. 어머니는 언제나 "잭은 내게 한 순간도 문제를 주지 않은 착한 아이였다"고 대답하십니다. 이 말을 들을 때마다 나는 내가 한 순간도 문제를 일으키지 않았다면 내가 맞은 그 많은 매는 어찌된 것일까 하고 생각합니다. 뒷 뜰의 복숭아 가지는 왜 열매가 달릴 때까지 있지 못하고 다 없어졌을까 생각해 봅니다. 왜 나의 다리는 지금도 그 흔적을 가지고 있을까 생각해 보는 것이지요. 사실은 이런 것입니다. 내가 잘못할 때마다 어머니는 나를 용서하셨고 내가 잘못한 것을 잊으셨습니다. 기록이 남지 않은 것이지요. 컴퓨터에 입력이 되지 않은 것입니다. 그래서 어머니의 마음에는 내가 한 번도 죄를 짓지 않은 것입니다. 어머니는 지금 96세이십니다. 정신이 온전치 못하셔서 조그만 방에서만 거의 지내십니다. 그렇지만 어떤 면에서 어머니는 오랫동안 정신적 노쇠현상이 있었습니다.

나의 잘못에 대해 질문을 받으면 어머니의 기억력은 제대로 일을 안 했습니다. 어머니는 내게 의롭게 된 용서를 실천하신 것입니다. 나를 용서하셨고 기억지 않으셨으며 내가 한 번도 죄를 짓지 않은 것처럼 의롭게 보시는 것입니다.

하나님께 감사를 드립니다. 그것이 바로 예수께서 내게 해주신 일입니다. 내가 그를 구주로 믿을 때 그는 나의 죄를 용서해 주셨습니다. 나의 죄를 자기가 다 담당하시고 그의 의를 내게 다 전가하셨습니다. 그래서 그는 나를 이제 의롭다고 말씀하실 수 있습니다. 내가 한 번도 죄를 짓지 않은 것처럼 하나님 앞에서 의롭게 되었습니다. 할렐루야! 이 모든 일은 내가 예수를 믿을 때 하나님이 나의 믿음을 보실 수 있기 때문에 일어났습니다. 이제 나는 나의 입술의 말과 삶의 모습 그리고 다른 사람을 향한 나의 관심으로 사람들 앞에 의롭다 인정되어야 합니다. 그것은 그럴 때 저들도 나의 믿음을 알고 나의 행위를 보고 많은 사람이 나의 구주를 믿을 것이기 때문입니다.

chapter 14

한 나라가 구원을 얻으려면

14. 한 나라가 구원을 얻으려면

역대하 7:14, "내 이름으로 일컫는 내 백성이 그 악한 길에서 떠나 스스로 겸비하고 기도하여 내 얼굴을 구하면 내가 하늘에서 듣고 그 죄를 사하고 그 땅을 고칠지라."

레위기 2:13, "네 모든 소제물에 소금을 치라. 네 하나님의 언약의 소금을 네 소제에서 빼지 못할지니 네 모든 예물에 소금을 드릴지니라."

민수기 18:19, "이스라엘 자손이 여호와께 거제로 드리는 모든 성물은 내가 영영한 응식으로 너와 네 자손에게 주노니 이는 여호와 앞에 너와 네 후손에게 변하지 않는 소금언약이니라."

역대하 13:5, "이스라엘 하나님 여호와께서 소금언약으로 이스라엘 나라를 영원히 다윗과 그 자손에게 주신 것을 너희가 알 것이 아니냐?"

이 책에서 우리는 영혼의 구원을 주제로 이야기하고 있습니다. 또 우리는 생활의 구원에 대하여도 논의하고 있습니다. 이제 우리는 한 나라의 구원에 대해 이야기할 차례가 되었습니다. 나라들이 구원을 받는 확실한 길이 무엇입니까? 이 말은 한 나라의 모든 국민이 다 그리스도께 나오게 된다는 말이 아닙니다. 그것은 한 나라가 장차 올 멸망과 하나님의 진노에서 구원을 받아 죄가 용서되고 땅이 고침을 받는 것을 말하는 것입니다.

이것을 적절히 이해하기 위해 우리는 "소금언약"이란 말을 먼저 생각하겠습니다.

역대하 13:5, “이스라엘 하나님 여호와께서 소금언약으로 이스라엘 나라를 영원히 다윗과 그 자손에게 주신 것을 너희가 알 것이 아니냐?”

소금언약은 개인들 사이에 깰 수 없는 우정의 언약을 맺을 때 하는 언약이었습니다. 그들은 서로 강한 우정을 맹세하고 그 언약을 상징하는 것으로 떡과 소금을 함께 먹었습니다. 떡은 우정이 가져다주는 유익을 상징했고 소금은 맛을 내는 능력과 우정의 지속성을 상징하였습니다. 하나님의 말씀에서 소금은 종교적 의식과 제사에 중요한 역할을 하는 것입니다. 예를 들면 모든 제물에 소금이 들어가야 했습니다.

레위기 2:13, “네 모든 소제물에 소금을 치라. 네 하나님의 언약의 소금을 네 소제에서 빼지 못할지니 네 모든 예물에 소금을 드릴지니라.” 그리스도인은 세상의 소금이라 불립니다.

마태복음 5:13, “너희는 세상의 소금이니 소금이 만일 그 맛을 잃으면 무엇으로 짜게 하리요? 후에는 아무 쓸데 없어 다만 밖에 버리워 밟힐 뿐이니라.” 그리스도는 생명의 떡이라 불리십니다.

요한복음 6:35, “예수께서 가라사대 내가 곧 생명의 떡이니 내게 오는 자는 결코 주리지 않을 것이요 나를 믿는 자는 영원히 목마르지 아니하리라.”

결론적으로 말하면 그리스도는 그의 백성과 한 언약 곧 영원히 파기할 수 없는 언약을 맺을 것입니다. 그렇지만 하나님은 한 나라가 부패를 방지하기에 충분한 만큼의 소금을 가지고 있지 않으면 어느 나라와도 언약을 맺지 않을 것입니다. 그리스도인이 세상의 소금이라 불리우기 때문에 하나님이 이런 언약을 맺으시는 데는 두 가지의 전제조건이 있습니다.

첫째, 그 나라에 충분한 소금이 있어야 합니다.

둘째, 그 소금이 맛을 잃지 않았어야 합니다. 하나님께서는 한 나라를 파멸에서 구원하실 수 있기 위해 그 나라 안에서 맛을 내고 있는 충분한 소금을 찾고 계십니다. 소금이 무엇을 의미하는지 생각해 보십시오. 소금은 그리스도의 의를 뜻하는 것입니다. 맛을 내는 소금은 곧 그리스도인의 의로운 삶을 말합니다.

로마서 10:1-3에 이 두 의가 언급되어 있습니다. "형제들아, 내 마음에 원하는 바와 하나님께 구하는 바는 이스라엘을 위함이니 곧 저희로 구원을 얻게 하려 함이라. 내가 증거하노니 저희가 하나님께 열심이 있으나 지식을 좇은 것이 아니라 하나님의 의를 모르고 자기 의를 세우려고 힘써 하나님의 의를 복종치 아니하였느니라."

아브라함이 하나님 앞에서 소돔의 구원을 위해 간청하였습니다. 그의 조카 롯이 그곳에 있었기 때문에 아브라함은 롯과 그의 가족이 멸망하는 것을 원치 않았던 것입니다. 그는 하나님께 그 도성에 의인 50명이 있으면 그곳을 용서해 주시지 않겠느냐고 여쭈었습니다. 하나님께서 그렇게 하시겠다고 동의하셨습니다. 아브라함은 그곳에서 50명의 의인을 찾을 수 없었기 때문에 40명이 발견되면 성을 구원해 주실 것을 간구했습니다. 역시 그 40명도 찾을 수 없었습니다. 그 후는 30명으로 낮추어졌습니다. 그것도 못 찾게 되니 다시 20명으로 낮추어 주실 것을 부탁드렸습니다. 그리고 또 그는 20명도 찾는 데 실패했고 결국 하나님은 10명의 의인이 있으면 소돔을 구원하시기로 동의하십니다.

여기서 우리가 이해해야 할 것은 이 10명의 의인은 전가된 의(하나님의 의)와 개인적인 의(생활의 의)를 다 가진 사람이어야 한다는 것입니다. 그들은 소금이어야 했으며 맛을 잃지 않았어야 했습니다. 이것이 그들의 유일한 희망이었습니다.

창세기 19:1, "날이 저물 때에 그 두 천사가 소돔에 이르니 마침 롯이 소돔 성문에 앉았다가 그들을 보고 일어나 땅에 엎드리어 절하여." 롯이 소돔 성문에 앉았음을 보십시오. 어떤 사람들은 그가 소돔성의 장로가 된 것이라고 합니다. 다른 사람들은 그가 소돔성의 시장이 되었다고도 하는데 그것이 무리가 아닌 것은 그 당시 성문에는 판사들이나 행정관들 그리고 지도자들이 앉았기 때문입니다. 오늘날 시청에서 사무를 보는 것처럼 그때에는 성문에서 그 성의 일을 보았던 것입니다. 적어도 우리가 알 수 있는 한 가지 사실은 롯이 그 성의 관리였다는 것입니다. 어느 도시나 나라에 바른 관리들이 선출되었다고 그곳이 구원을 얻는 것은 아닙니다. 지역의 지도자들보다는 영혼구령자가 나라의 구원을 위해 더 많은 일을 합니다. 우리나라의 문제들이 해결되는 것은 하나님의 백성들이 적극적으로 정치에 참여하는 데 있지 않습니다. 그것은 하나님의 백성들이 적극적으로 영혼을 구령하고 강단에서나 가정에서 적극적으로 의와 성별에 대해 그리고 수준 높은 삶에 대해 전파하는 데 있습니다.

나는 하나님께서 우리나라에 대해 정해 놓으신 수(數)가 있다고 생각합니다. 믿음으로 말미암아 그리스도로부터 전가된 의를 가졌고 거룩한 삶을 통한 개인적인 의를 소유한 사람들에 대해 정해 놓으신 수가 있습니다. 그 수가 얼마나 되는지 나는 모릅니다. 소돔에는 그것이 열명이었습니다. 하나님께서 우리의 땅의 구원을 위해 정하신 수가 있는데 소금의 맛을 잃지 않은 소금이 충분히 있으면 주님은 우리와 소금언약을 맺으실 것입니다. 우리나라의 문제들은 강단과 영혼구령을 버리고 정치로 뛰어드는 목사들에 의해 해결되지 못합니다. 물론 우리는 투표를 해야 합니다. 시민으로서 우리는 선거를 통해 뽑은 지도자들을 위해 기도해야 합니다. 투표를 바르게 하도록 어느 정도는 다른 사람들에게 영향을 미치기도 해야 합니다. 그러나 이것은 소금을 모으는 정도로 그쳐야 합니다. 우리나라나 또 다른 어느 나라가 구원을 얻는다면 그것은 오직 전능하신 하나님이 직접 개입하실 때 가능할 것입니다. 내 말은 여리고 성의 성벽이 무너지는 것 같은 일을 말합니다. 홍해가 마르고 여호수아를 위해 태양이 멈추었던 것 같은 일 말입니다. 우리나라의 유일한 희망은 영혼구령자들이 부지런히 자기 일을 하고 지도자들은 개인적 경건을 외치는데 열심을 다 하여 하나님께서 우리들과 소금언약을 맺으셔서 우리나라를 구원하시게 하는 것입니다.

이제 창세기 19:26을 봅시다. "롯의 아내는 뒤를 돌아본 고로 소금 기둥이 되었더라." 왜 롯의 아내가 소금 기둥으로 변해 버렸습니까? 그것은 하나님과 소금언약을 맺을 수 있을 만큼의 소금이 그 도성에 없었기 때문입니다. 전쟁에서 한 성이 함락되면 정복자는 마지막에 맛을 잃은 소금을 뿌려서 그 성을 파괴하는 일을 마칩니다. 얼마나 의미 있는 상징입니까? 맛을 잃은 소금은 나라를 구하지 못합니다. 그것은 오히려 그 성의 멸망을 초래합니다.

그러면 나라가 구원받게 하는 것은 무엇입니까? 역대하 7:14, "내 이름으로 일컫는 내 백성이 그 악한 길에서 떠나 스스로 겸비하고 기도하여 내 얼굴을 구하면 내가 하늘에서 듣고 그 죄를 사하고 그 땅을 고칠지라." 동성연애자들이 바로 살고 술주정꾼이 정신을 차린다고 나라가 구원을 받는 것이 아닙니다. 나라가 구원을 받는 것은 소금의 맛을 내는 그리스도인들이 충분히 있을 때 하나님이 그 나라와 소금언약을 맺음으로 되는 것입니다. 그런 그리스도인들은 생활이 구별되고 거룩해야 합니다. 오랫동안 이것이 저의 사역의 목표였습니다. 여러 해 동안에 밤낮으로 집회를 다녔습니다. 저의 사역의 주제는 영혼구령과 성별, 두 가지였습니다. 왜냐하면 우리가 사람을 구령하여 예수 그리스도의 전가된 의를 가지게 하고 그들을 개인적인 의를 가지도록 거룩한 삶을 살게 한다면 하나님께서 하늘에서 굽어보시고 우리의 죄를 용서하시며 우리 땅을 고치실 것을 내가 믿기 때문입니다.

역대하 7:14을 다시 보십시오.

1. "내 이름으로 일컫는 내 백성이"

이들이 소금입니다.

2. "그 악한 길에서 떠나 스스로 겸비하고 기도하여 내 얼굴을 구하면"

소금이 맛을 내고 있습니다.

3. 내가 하늘에서 듣고 그 죄를 사하고 그 땅을 고칠지라.

이제 나라의 구원이 있습니다. 그러므로 문제의 해답은 이 나라에 동서남북으로 구령하는 교회를 세우고 성별과 거룩한 삶을 설교하는 것입니다. 해답은 백악관에 있지 않고 교회당에 있습니다. 그것은 가가호호 투표인 등록을 하는데 있지 않고 가가호호 그리스도를 전파하는데 있습니다.

내게는 네 명의 아이들과 아홉 명의 손자가 있습니다. 나는 많은 해를 살아왔습니다. 이 글을 쓰는 지금 나의 나이는 58세입니다. 지금까지 41,500번의 선교를 했습니다. 집회를 다니느라 거의 5백만 마일(8백만 km)의 비행기 여행을 하였습니다. 그동안 나는 미국이 타락해 가는 것을 보아 왔습니다. 모든 애국적인 미국인들이 미국이 구원을 받게 되기를 고대하고 있습니다. 어떤 이들은 미국의 구원이 사회제도에 달려 있다고 느끼고 있습니다. 또 다른 이들은 정치개혁에 미국의 구원이 있다고 생각합니다. 어떤 사람들은 보수주의자들이 백악관과 상원을 차지하면 미국이 구원을 받을 것으로 생각합니다. 나는 미국이 구원을 받으려면 하나님이 그 일을 하셔야 한다고 믿습니다! 그렇게 되려면 홍해를 건너는 것이나 여리고의 성벽이 무너지는 것 같은 일이 있어야 하리라 믿습니다. 하나님께서 개입하셔야 된다는 말입니다. 우리가 충분한 수의 사람들을 그리스도께 인도하고 그들 중에 거룩한 삶을 사는 사람들이 충분히 나와야 생명의 떡이신 하나님이 세상의 소금인 자기 백성을 만나실 것이고 소금과 떡이 섞여서 소금언약을 맺을 것입니다. 그때 비로소 하나님은 "내가 너희 후손들을 위해 깰 수 없는 우정의 언약을 너희들과 맺노라"고 말씀하실 것입니다.

나는 나의 자녀들과 손자들이 내가 알아 왔던 그 같은 미국에서 살게 되기를 고대합니다. 하나님의 심판의 손이 이 미국에 내리지 않기를 간절히 바랍니다. 나는 이 목표를 위해 나의 삶을 거의 다 바쳐왔습니다. 내가 나의 성경을 놓고 마지막 설교를 마치고 강단을 내려올 때 나를 따르던 사람들에게 "나는 충분한 소금을 얻기 위해, 또 소금의 맛을 내는 소금을 충분히 얻기 위해, 그리하여 여러분들이 내가 누렸던 나라를 누리고 내가 가졌던 기회를 가지고 내가 알았던 자유를 알게 하기 위해 나의 최선을 다 했습니다"라고 말할 수 있기를 원합니다. 나의 생각이 잘못될 수도 있겠지만 그렇다고는 생각지 않습니다.

하나님께서 우리들에게 구원의 메시지로 불이 타며 거룩을 설교하려는 간절함으로 마음이 타는 목사들과 교회를 주셔서 충분한 사람들이 전가된 의를 가지고 그들 중에 충분한 사람들이 개인적 의를 가지게 되기를 바랍니다. 그때 하나님이 하늘에서 우리를 내려 보시며 말씀하실 수 있을 것입니다. "미국이 내 수를 채웠다. 저기에 충분한 소금이 있고 맛을 내는 소금이 충분히 있다. 그래서 내가 저들과 소금언약을 맺어 그 후손이 구원받게 하리라." 이것을 위해 내가 일합니다! 이것을 위해 내가 기도합니다. 여기에 나는 내 소망을 걸고 있습니다. 하나님이여, 미국을 구원하소서!

chapter 15

이같이 큰 구원

15. 이같이 큰 구원

히브리서 2:3, "우리가 이같이 큰 구원을 등한히 여기면 어찌 피하리요? 이 구원은 처음에 주로 말씀하신 바요 들은 자들이 우리에게 확증한 바니." 위의 말씀은 성경에서 가장 많이 잘못 해석되는 구절의 하나입니다. 일반적으로 이 말씀을 사람이 구원받기를 등한히 여기면 그는 하나님의 진노를 피할 수 없다고 하는 뜻으로 해석을 합니다. 사실을 말씀드리면 이 말씀은 근본적으로 구원을 받지 못한 사람들에게 적용되는 것이 아닙니다. 히브리서는 히브리인 그리스도인들에게 보낸 서신으로 저들이 우리 주 예수 그리스도의 은혜와 저를 아는 지식 안에서 자라게 하기 위해 기록된 것입니다. 그것은 저들이 뒷걸음질을 하지 않고 전진하며 하나님의 뜻 안에서 저들이 가지고 있는 잠재력을 다하여 최선의 그리스도인이 되도록 격려하는 글입니다.

히브리서에는 이스라엘 백성들의 이야기가 예화로 사용되었습니다. 그들은 애굽 땅에 있었습니다. 그것은 자연인(Natural man, 육에 속한 자) 곧 구원받지 못한 사람들의 상징입니다. 유월절의 어린 양과 홍해를 건넘으로 말미암아 그들은 광야로 들어갔습니다. 이것은 구원의 그림입니다. 그들의 광야 여행은 아직 성령의 충만함을 입지 못한 그리스도인들의 모습입니다. 그러나 저들이 애굽에서 나와서 광야를 여행하여 약속의 땅으로 가는 것은 은혜 안에서 성장하는 그리스도인의 상징입니다. 이 세 장소 곧 애굽과 광야 그리고 가나안은 하나님과의 관계에서 볼 때

세 부류의 사람들이 있음을 보여주는 것들입니다. 자연인(구원받지 못한 사람, 한글개역성경 고전 2:14은 '육에 속한 사람'으로 번역함-역자 주), 육신적인 그리스도인(carnal Christian), 그리고 영적인 그리스도인(Spiritual Christian)이 그들입니다.

고린도전서 2:14, "육에 속한 사람은 하나님의 성령의 일을 받지 아니하나니 저희에게는 미련하게 보임이요 또 깨닫지도 못하나니 이런 일은 영적으로라야 분변함이니라."

고린도전서 3:1-4, "형제들아, 내가 신령한 자들(영적인 그리스도인들)을 대함과 같이 너희에게 말할 수 없어서 육신에 속한 자 곧 그리스도 안에서 어린 아이들을 대함과 같이 하노라. 내가 너희를 젖으로 먹이고 밥으로 아니하였노니 이는 너희가 감당치 못하였음이거니와 지금도 못하리라. 너희가 아직도 육신에 속한 자로다. 너희 가운데 시기와 분쟁이 있으니 어찌 육신에 속하여 사람을 따라 행함이 아니리요?"

이스라엘 백성이 홍해를 건넜습니다. 이제 저들은 애굽에서 구원을 받아 가나안 땅을 향하여 행진하고 있습니다. 그들은 가데스 바네아라는 곳에 이르렀습니다. 열두 명의 정탐꾼들을 보내어 가나안 땅을 돌아보고 와서 이스라엘이 그 땅에 들어가 정복할 가능성에 대해 보고하게 하였습니다. 정탐꾼들은 그 땅의 웅장함에 대해 격찬하는 보고를 했습니다. 그들은 그 땅에는 젖과 꿀이 흐른다고 하였습니다. 그들은 포도와 석류 열매의 견물(見物)을 가져와 가나안 땅을 크게 칭찬했습니다. 그렇지만 그들은 또 부정적인 보고도 했습니다. 그들은 가나안 땅의 사람들은 거인이며 이스라엘은 그들과 비교해 볼 때 메뚜기 같다고 했습니다. 그들의 보고는 그들이 그 땅을 차지할 수가 없으니 아예 엄두도 내지 않는 것이 좋겠다는 것이었습니다. 백성들은 그들의 말을 좇았고 그들이 하는 권고를 따르기로 했습니다. 이 일로 인해 그때 20세 이상의 모든 사람은 남은 평생을 광야에서 보낼 것이 작정되고 20세 미만의 사람들만 약속의 땅을 볼 기회가 주어지게 됩니다. 그런데 여기에는 두 사람의 예외가 있었습니다. 그들은 여호수아와 갈렙이었습니다. 그것은 열두 사람의 정탐꾼 중에 그들 두 사람만 그들이 그 땅을 소유할 수 있다고 믿었기 때문이었습니다.

이스라엘이 그 땅이 들어가기를 거절했기 때문에 하나님은 그들을 광야로 보내셔서 40년을 살다가 그들을 위해 선택된 땅에 들어가는 것을 보지 못하고 죽게 하셨습니다.

이것이 바로 하나님께서 말씀하신 이 큰 구원을 '등한히 여긴다'는 것입니다. 이 백성은 참으로 위대한 구원을 얻었습니다. 그 구원은 유월절 어린 양의 피로 애굽에서 구출되는 것이었습니다. 그들의 구원은 홍해를 마른 땅처럼 건널 만큼 위대한 것이었습니다. 애굽의 군대가 그들이 건너간 홍해를 뒤쫓아 들어갔다가 다 빠져 죽고만 위대한 것이었습니다. 하나님께서 하늘로부터 매일 만나를 주셔서 저들로 먹게 한 큰 구원이었습니다. 모세의 지팡이로 호렙산의 반석을 쳐서 물을 내게 하여 저들로 마시게 한 위대한 구원이었습니다. 낮에는 구름 기둥으로 밤에는 불 기둥으로 저들을 인도하신 큰 구원이었습니다. 하나님께서 성막의 지성소 안에 영광으로 임하셔서 시은좌에 앉아 자기 백성 가운데 계시는 구원이었습니다. 그것은 "진실로 큰 구원"이었습니다.

그런데 그들이 그 큰 구원을 등한히 여긴 것입니다. 그랬기 때문에 그들은 가나안 땅에 들어가지 못하고 만 것입니다. 이것이 히브리서에서 하나님이 우리에게 경고하시려 사용하신 예화입니다. 주님은 우리가 받은 구원을 등한히 여기면 우리가 될 수 있는 사람이 되지 못할 것이라고 말씀하시는 것입니다. 주님은 우리에게 최선의 우리가 될 기회는 오직 한 번뿐인 것을 상기시키려 하시는 것입니다. 이 말은 우리가 우리의 것으로 주어진 단 한 번의 위대한 기회를 붙잡지 않으면 다시는 우리를 사랑하시지도 사용하시지도 않으실 것이라는 말이 아닙니다. 비록 이스라엘 백성이 40년을 광야에서 보내고 약속의 땅으로 들어가지는 못했지만 여전히 밤에는 불 기둥이 낮에는 구름 기둥이 저들을 인도했고 매일 하늘에서 만나가 내려 저들을 먹였습니다. 하나님은 여전히 저들을 사랑하셨습니다. 그들은 여전히 하나님의 자녀들이었습니다. 그들은 다시 애굽(자연인의 상태)으로 돌아가지 않았습니다. 그렇다고 그들에게 주어진 생의 위대한 목적을 성취한 것도 아닙니다.

오늘날의 하나님의 자녀들에게도 마찬가지입니다. 우리가 그리스도를 구주로 모실 때 은혜 안에서 자라가는 삶이 시작됩니다. 그리스도인이 되었지만 아직은 육신적이고 그리스도 안에서 어린 아기입니다. 성경을 읽고 기도하며 하나님의 백성들과 교제하며 충실히 교회를 다니면서 성장을 계속합니다. 그러다가 큰 기회가 주어지게 됩니다. 우리는 성령이 충만한 그리스도인이 되어 하나님께서 원하시는 대로 성공적인 그리스도인의 삶을 살 수도 있고 주어진 큰 기회를 거절하고 진부한 삶으로 돌아가 버릴 수도 있습니다. 이렇게 되면 우리가 얻은 큰 구원을 등한히 여기게 되는 것입니다.

그것은 구원받지 않은 사람이 구원받기를 거절하는 것이 아닙니다. 그것은 구원받은 사람이 그가 받은 구원을 등한히 여기는 것입니다.

큰 딸 베키가 고등학교 1학년이었을 때 내게 해몬드 올갠을 사달라고 했습니다. 사실 내게는 그만큼 비싼 선물을 할 만한 여유가 없었습니다. 그때가 크리스마스 기간이었기 때문에 안된다고 하기가 어려웠습니다. 그렇지만 한 아이를 위해 1,600불을 쓸 형편이 못되었습니다. 고등학교 4년 동안 베키는 내게 해몬드 올갠을 사달라고 졸랐습니다. 결국 졸업반 때의 크리스마스에는 베키에게 해몬드 올갠을 사주었습니다. 우선 40불을 지불하고 매월 40불씩 지불하기로 하고 산 것입니다. 크리스마스 아침에 현관문으로 아름다운 해몬드 올갠이 들아오자 베키는 "어머나, 아빠 정말 멋져요. 정말 좋아요. 아빠는 세상에서 제일가는 아빠세요!"하고 외쳤습니다. 베키는 매우 기뻐했습니다. 자리에 앉으며 내가 그 아이에게 말했습니다. "얘야, 이 올갠은 네 것이다. 너의 아빠가 네게 주는 선물이다. 그렇지만 네가 그것을 등한히 여긴다면 네게 화가 있을 것이다! 연습을 해라. 그리고 먼지를 털고 늘 잘 닦도록 해라. 만약 네가 간수를 잘못하면 벌을 주겠다." 하나님께서 그리스도인에게 오셔서 말씀하십니다. "구원은 내가 네게 주는 선물이다. 그것은 사람이 얻을 수 있는 선물 중에 가장 위대한 것이다. 나는 네가 그것을 소유하기를 원한다. 그것을 영원히 누리고 간직하라고 내가 네게 준 것이다. 그러나 만약 그것을 등한히 여기면 화가 있을 것이다. 나의 벌을 피할 수가 없을 것이다. 네가 가진 구원을 등한히 여긴다면 나의 채찍이, 나의 진노가 네게 있을 것이다."

막내딸 신디가 일곱 살이었을 때 크리스마스에 내게 와서 말했습니다. "아빠, 크리스마스 선물로 새 자전거를 사주시겠어요?" 나는 칼루메 지역에서 제일 좋은 자전거 상점에 가서 일곱 살 난 아이가 탈 수 있는 제일 좋은 자전거를 골랐습니다. 제일 좋은 자전거는 69불 95센트나 했습니다. 그때 나의 일주일 봉급이 100불이었습니다. 그러니 그것은 매우 큰 투자였던 것입니다. 크리스마스 아침에 문이 열리며 자전거가 굴러들어왔습니다. "어머나, 아빠, 아빠! 세상에서 제일 예쁜 자전거예요. 아빠 사랑해요! 사랑해요! 사랑해요!"하고 신디가 기뻐했습니다. (인간적으로 말하자면 우리가 처음으로 새 자전거를 가질 때만큼 기쁜 때는 없다고 생각합니다. 우리들 대부분이 우리의 첫 새 자전거를 본 그때를 아직 기억하고 있지 않습니까?) 그 크리스마스는 참으로 즐겁게 지냈습니다. 날씨는 미국의 중서부 지방의 날씨치고는 따뜻한 편이었고 신디는 새 자전거를 가지고 놀면서 즐거운 시간을 지냈습니다.

두 주가 지났습니다. 하루는 콜로라도주 덴버시(Denver, CO)에서 밤 설교를 마치고 비행기로 집에 돌아오니 새벽 세 시쯤 되었습니다. 기온이 섭씨로 영하 29도 정도 되었습니다. 눈이 50 센티미터나 내렸고 쌓인 눈은 그보다 훨씬 더 되었습니다. 내가 집으로 들어가는데 입구에서 본 것이 무엇이었겠습니까? 쌓인 눈 밖으로 삐죽이 나온 신디의 자전거였습니다. 일곱 살 난 아이를 위한 것으로는 제일 좋은 자전거의 핸들이 눈 밖으로 나와 있었습니다. 눈을 파고 내가 그 자전거를 꺼냈겠습니까? 천만에요! 나는 이 층으로 뛰어 올라가 신디의 방문을 열고 불을 켰습니다. 신디의 잠옷 깃을 잡고 그의 눈앞에다 내 눈을 갖다 대고 말했습니다. "이 꼬마 아가씨야. 네가 그 훌륭한 자전거를 등한히 하고 어찌 피하겠느냐? 내가 그토록 힘들여 번 69불 하고 그렇게 애써 번 95센트를 주고 우리 지역에서 너 같은 꼬마 아가씨가 탈 수 있는 제일 좋은 자전거를 사서 네게 주었는데 그 큰 선물을 네가 등한히 여기다니! 지금 일어나서 부츠를 신고 코트를 입고 모자를 쓰고 차고에 가서 삽을 찾아 들고 눈을 파서 자전거를 꺼내라!"

이것이 바로 하나님께서 우리에게 하시는 말씀입니다. 하나님은 이렇게 말씀하십니다. "내가 네게 그렇게 크고 놀라운 구원을 선물로 주었다. 네가 어떻게 감히 그것을 등한히 여기느냐? 네가 어찌 감히 나의 십일조와 헌물을 도적질하느냐? 어찌 네가 연일 기도처를 비워놓고 지내느냐? 어찌 감히 성경을 읽지도 않고 지낼 수 있단 말이냐? 어찌 감히 하나님의 집에 성실치 못할 수 있단 말이냐? 네가 어찌 감히 세상 사람들처럼 살고 세상 사람들처럼 말하고 세상 사람들처럼 록뮤직이나 좋아하고 유니섹스의 유행을 따라 옷을 입느냐? 어찌 네가 감히 술을 마시고 담배를 피우며 탐심과 시기와 쓴 뿌리를 마음에 가득 품고 지내느냐? 어찌 내가 네게 준 그 큰 구원을 생각한다면 너의 전부를 내게 주지 못한단 말이냐?"

그러면 이 구원은 과연 얼마나 큰 것인가요? 그것은 하나님께서 세상이 존재하기 전부터 인간의 타락을 미리 아시고 준비하실 정도로 큰 것입니다. 영원 전에 있은 하나님의 각료회의에서 예수님이 천국을 떠나 인간이 되시고자 자원하셨습니다. 율법을 온전하게 이루신 후에 십자가에 가셔서 우리의 죄의 형벌을 받으시고 우리를 의롭다 하시려 72시간 후에 부활하시며 승천하시어 아버지의 보좌 우편에서 우리를 위해 중보하시고 천국에 우리를 위한 처소를 예비하셨다가 다시 오셔서 우리를 자기에게 영접하시어 영원히 있게 하실 것을 그때 이미 작정하신 것입니다.

이 구원은 얼마나 큰 것입니까? 하나님이 육신이 되셔서 처녀의 태중에 오실 만큼 놀라운 것입니다. 이 구원은 얼마나 큰 것입니까? 그가 베들레헴의 마구간에 나시게 할 만큼 큰 것입니다. 천사들이 와서 그가 오셨음을 알려주었고 목자들이 와서 경배하였으며 박사들이 황금과 유향과 몰약을 예물로 드렸습니다.

이 구원은 얼마나 큰 것입니까? 아버지를 떠나서 33년을 살면서 본향을 그리워하셔야 할 만큼 큰 것입니다. 여우도 굴이 있고 공중의 새도 둥지가 있었지만 예수님은 머리를 둘 곳이 없었습니다. 그는 자기 회당에서 쫓겨나셨고 억지로 고향을 떠나셔야 했습니다. 사람들에게 멸시와 버림을 받으셨으며 슬픔과 질고를 아는 분이셨습니다. 자신의 열두 제자 가운데 한 사람의 배신을 당하셔야 했고 빌라도는 그를 부당하게 심문을 했습니다. 날카로운 끝이 달린 아홉 가닥으로 된 채찍에 맞았기 때문에 이사야는 그의 살이 사람의 살인지 알아볼 수 없게 되었노라고 말합니다.

이 구원은 얼마나 큰 것입니까? 채찍에 맞으신 후에 그의 등에는 십자가가 지워졌습니다. 갈보리로 그것을 억지로 지고 가게 했습니다. 그 무게를 이기지 못해 그가 쓰러졌을 때 구레네 시몬이 그의 십자가를 지고 언덕으로 가게 해야 할 만큼 큰 것이었습니다. 그 구원은 얼마나 큰 것입니까? 너무나 큰 것이었기에 그는 십자가에 누우셔서 일반 사형수처럼 손에 못박힘을 당하셔야 했습니다. 이 구원은 얼마나 큰 것입니까? 하늘과 땅 사이에 달려서 한 끝은 우리를 건지실 지옥을, 다른 한 끝은 우리를 가게 하실 천국을, 또 한 끝은 동쪽을 가리키며 그 쪽에 있는 모든 사람들이, 나머지 한 끝은 서쪽을 가리키며 그 쪽에 있는 모든 사람들이, 십자가에서 일어난 일로 인해 지옥에서 천국으로 구원을 받을 수 있노라고 말씀하실 만큼 큰 것입니다. 이 구원은 얼마나 큰 것입니까? 너무나 큰 것이기에 그는 십자가 위에서 "나의 하나님, 나의 하나님, 어찌하여 나를 버리셨나이까?" 외치셔야 했던 것입니다. 그는 자신의 영혼을 지옥의 고통에 참여하게 하시고 우리를 우리 죄의 형벌에서 구원하신 것입니다.

이 구원은 얼마나 큰 것입니까? 너무나 큰 것이기 때문에 예수님은 친히 요셉의 무덤에 누우셨다가 사흘 밤 사흘 낮 후에 살아나셔야 했습니다. 이 구원은 얼마나 큰 것입니까? 너무나 커서 그는 아버지께 승천하시어 지금도 하나님 우편에 계시면서 우리의 대언자로, 중보자로, 간구하시는 분으로, 조정자로, 중개자로, 우리의 변호사로 일하고 계시는 것입니다.

이 구원은 얼마나 큰 것입니까? 그것이 너무나 큰 것이기에 지금도 주님은 천국에 우리의 처소를 예비하고 계십니다. 길은 황금으로 닦여 있고 문은 진주로 되어 있습니다. 죽음의 표식이 문에 그림자를 드리우는 일이 없고 이마에 고랑이 생기게 하는 일이 없습니다. 얼굴에 주름살이 지지 않으며 눈가의 주름살도 없습니다. 중풍으로 손이 마비되는 일이나 불안한 걸음을 걷는 발도 굽어지는 등도 없습니다. 암이 없고 심장마비도 없으며 백혈병도 없습니다. 슬픔이나 병, 죄나 상한 마음, 고독도 섭섭함도 없습니다. 가정이 깨어지는 일도 없고 마음이 상하고 인생을 실패하거나 꿈이 깨어지는 일이 없으며 그분과 함께 영원히 또 영원 영원히 살게 될 것입니다.

이 구원은 얼마나 큰 것입니까? 어느 날 나팔소리가 울리면 그리스도 안에서 죽은 자들이 살아나고 살아있는 우리는 주님을 만나러 공중으로 들림을 받아서 주님과 영원히 같이 있게 될 만큼 큰 것입니다. 이 구원은 얼마나 큰 것입니까? 그것은 우리가 공중에서 7년 동안 주님과 함께 있으면서 어린 양의 혼인 잔치에 참여하고 그리스도의 심판대에서 우리가 이 땅에서 행한 일들을 따라 상급을 받게 할 만큼 큰 것입니다. 그리스도인인 우리들은 우리가 사랑으로 수고한 것을 따라 면류관을 받을 것입니다. 그때 우리는 그 면류관들을 예수님의 발아래 드리면서 오직 그분만이 존귀와 찬양과 영광을 받으시기에 합당하다고 외치게 될 것입니다.

이 구원은 얼마나 큰 것입니까? 그 7년이 지난 다음 우리가 주님과 함께 백마를 타고 이 땅으로 돌아오게 할 만큼 큰 것입니다. 그는 시온산의 대관식 계단을 올라가셔서 이 땅의 왕이 되실 것입니다. 예루살렘은 그 수도가 될 것입니다. 워싱턴이 예루살렘 앞에 부복할 것입니다. 모스크바가 그 발아래 엎드릴 것입니다. 런던, 베를린, 카이로가 예루살렘과 1,000년 동안 이 땅을 다스릴 왕 앞에서 그를 두려워하여 굳어버릴 것입니다. 이 구원이 얼마나 큰 것입니까? 어떤 사람이 이렇게 노래할 만큼 큰 것입니다.

태양이 쉬지 않고 달리며 빛을 비추는
곳곳에 예수의 다스림이 미친답니다.
바다가 끝날 때까지 그 나라는 뻗치며
저 달이 다할 때까지 무궁하답니다.

우리도 그와 함께 1,000년을 왕노릇하며 평강의 나라를 다스릴 것입니다. 그것은 의가 불의를 이기며 정의가 불공정을 이기고 선이 악을 이기는 나라입니다. 늑대와 어린 양이 함께 뒹굴며 어린 아이가 독사의 굴에서 놀고 뱀이 길들여져 어린이의 애완동물로 주어지게 됩니다. 100세에 죽는 사람은 다 크지 못하고 죽은 아이와 같을 것입니다. 이 구원은 얼마나 큰 것입니까? 1,000년이 차면 우리는 거룩한 성 새 예루살렘이 하늘에서 하나님께로부터 신부가 신랑을 위해 단장한 것처럼 하여 내려오는 것을 볼 것입니다.

그 구원은 얼마나 큰 것입니까? 이 땅이라도 그것을 다 전시하기에 부족하고 하늘도 그것을 다 보여줄 수 없을 만큼 크고 위대합니다. 오직 영원 안에서만 이것을 다 말할 수 있을 것입니다.

그 구원은 얼마나 큰 것입니까? 하늘이 그 면류관을 쓰신 왕을 희생해야 할 만큼 큰 것입니다. 그리스도에 관해 우리에게 말해 주도록 하나님이 자기 책을 우리에게 주실 만큼 큰 것입니다. 창세기에서 그는 약속된 씨(후손)입니다. 출애굽기에서 그는 유월절 어린 양이십니다. 레위기에서 그는 아사셀 염소입니다. 민수기에서 그는 놋뱀이십니다. 신명기에서 그는 위대한 율법의 전수자이십니다. 여호수아서에서 그는 선지자요 왕이요 또 제사장이십니다. 사사기에서 그는 이 땅의 대 재판장이십니다. 룻기에서 그는 근친 구속자이시며 사무엘서에서 그는 기름부음을 받은 왕이십니다. 열왕기서에서 그는 왕 중의 왕이요 주 중의 주님이십니다. 역대서에서 그는 역사의 주인이십니다. 에스라서에서 그는 성전 건축자이시며 느헤미야서에서는 성벽을 건축하시는 분이십니다. 에스더서에서는 이스라엘의 구원자이십니다. 욥기에서 그는 형제보다 더 친밀한 친구이십니다. 시편에서 그는 만세의 찬송이십니다. 잠언에서 그는 진리이시며 전도서에서는 위대한 전도자이십니다. 아가서에서 그는 놀라운 연인이십니다. 이사야서에서 그는 기묘자 모사 전능하신 하나님 영존하시는 아버지 평강의 왕이십니다. 예레미야서에서 그는 눈물의 선지자이십니다. 예레미야 애가에서 그는 거리의 전도자이십니다. 에스겔서에서 그는 천년 왕국의 성전 재건자이십니다. 다니엘서에서 그는 손으로 뜨지 아니한 돌로써 언젠가 이 땅에 돌아오셔서 세상의 왕국을 부수고 물이 바다를 덮는 것처럼 하나님을 아는 지식을 이 땅에 가득하게 하실 분이십니다. 호세아서에서는 거절을 당하면서도 용서하는 사랑이십니다. 요엘서에서 그는 승리이십니다. 아모스서에서 그는 제단 위에 서신 분이십니다. 오바댜서에서 그는 위대한 이상이십니다. 요나서에서 그는 사흘 밤

낮을 묻히신 분이십니다. 미가서에서 그는 유대 땅 베들레헴에서 나오시는 분이십니다. 나훔서에서 그는 질투하시는 하나님이십니다. 하박국서에서 그는 짐을 지시는 선지자이십니다. 스바냐서에서 그는 위대한 상담자이십니다. 학개서에서 그는 위로자이십니다. 스가랴서에서 그는 위대한 동기 부여자이십니다. 말라기서에서 그는 의의 아들이십니다.

마태복음에서 그는 만왕의 왕이십니다. 마가복음에서 그는 고난받는 종이십니다. 누가복음에서 그는 인자이십니다. 요한복음에서 그는 하나님의 아들이십니다. 사도행전에서 그는 교회의 능력이십니다. 로마서에서 그는 복음의 다이나마이트이십니다. 고린도서에서 그는 육신적 성품을 성화시키시는 분이십니다. 갈라디아서에서 그는 찢어진 휘장이십니다. 에베소서에서 그는 하늘에 계신 분이십니다. 빌립보서에서 그는 우리의 필요를 채우시는 분이십니다. 골로새서에서 그는 다시 오시는 분의 그림자이십니다. 데살로니가서에서 그는 우리를 위해 다시 오시는 구세주이십니다. 디모데서에서 그는 우리의 크신 하나님이십니다. 디도서에서 그는 우리의 복된 소망이십니다. 빌레몬서에서 그는 잘못한 종을 용서하시는 분이십니다. 히브리서에서 그는 만인 중에 뛰어난 분이십니다. 야고보서에서 그는 율법을 이루신 분이십니다. 베드로서에서 그는 구원의 반석이십니다. 요한서신에서 그는 우리의 확신이십니다. 유다서에서 그는 우리를 넘어지는 것에서 지키시어 큰 기쁨으로 자신의 영광의 보좌에 흠없이 드리실 분이십니다. 그리고 계시록에서 그는 백마를 타고 이 땅에 다시 오시어 왕국을 세우시고 만왕의 왕이 되시고 만주의 주가 되셔서 1,000년 동안 왕노릇하시며 다스리실 분이십니다.

이 구원은 얼마나 큰 것입니까? 그것은 우리가 사랑하는 예수님을 인하여 이루어진 것이니 그만큼 큰 것입니다.

마태복음 17:8에서는 저들이 다른 사람은 말고 오직 예수님만 보았다고 했습니다. "제자들이 눈을 들어 보매 오직 예수 외에는 아무도 보이지 아니하더라."

누가복음 4:20은 "회당에 있는 자들이 다 주목하고 (예수를) 보더라"고 말씀했습니다. 헬라인들이 제자들에게 와서는 "선생이여 우리가 예수를 뵈옵고자 하나이다"고 했습니다. 그의 이름이 처음으로 언급된 것은 천사 가브리엘이 빈천한 마리아의 집에 왔을 때였습니다.

누가복음 1:31, "보라 네가 수태하여 아들을 낳으리니 그 이름을 예수라 하라." 이사야는 예언의 망원경으로 미리 보고 말했습니다. "그 이름은 기묘자라 모사라 전능하신 하나님이라 영존하시는 아버지라 평강의 왕이라 할 것임이니라."

신약성경 27권 가운데 24권에서 첫 절에 그의 이름이 나옵니다. 그의 이름 "예수"는 신약성경의 네 번째 (한글 성경에서, 영어 흠정역 성경에서는 일곱 번째-역자 주) 단어가 그의 이름입니다. 신약성경의 마지막에서 여섯 번째 (한글에서, 영어는 일곱 번째-역자 주) 단어가 그의 이름입니다. 그의 이름은 신약성경의 가장 앞에도 나오고 가장 뒤에도 나오는데 그 두 번 사이에도 예수는 700번이나 언급되고 있습니다.

성경에서 그는 어린 아들, 거룩한 아들, 나사렛 사람, 주, 주 예수, 주 예수 그리스도, 하늘로서 오신 주님, 영광의 주, 의의 주, 주와 구세주 등으로 불리십니다. 그는 그리스도 예수, 주 그리스도, 안식일의 주인, 우리 주님으로 불리십니다. 그는 구세주, 임마누엘, 선생, 랍오니, 열방의 주재로 불리십니다. 그분은 율법의 수여자, 구속주, 메시아, 실로, 구원자, 중보자, 도고자, 평화의 주, 영광의 주님을 일컬음을 받으셨습니다. 그분은 군기, 대장, 만국의 보배, 재판장, 의로우신 재판장, 주인, 온전케 하시는 이, 첫 열매, 대제사장, 의의 왕, 살렘 왕, 평강의 왕, 만왕의 왕, 옳은 이 등으로 불리십니다. 그는 거룩한 이, 충성된 증인, 명령자, 이스라엘의 위로, 유다 지파의 사자로 불리십니다.

그분은 죽은 자 가운데서 먼저 나신 이, 하나님의 택한 자, 둘째 아담으로 불리십니다. 그는 유대인의 왕, 시온의 왕, 이스라엘의 왕, 성도들의 왕, 영원한 왕으로 불리십니다. 그분은 포도나무, 참 포도나무, 이새의 뿌리, 다윗의 후손으로 불리십니다. 문, 양의 문, 선한 목자, 목자장, 여호와의 사자, 하나님의 어린 양, 생명수, 생수, 생명의 떡, 산 떡, 생명의 말씀, 감추인 만나로 불리시기도 합니다. 그는 길, 진리, 생명이라 불리시며 생명나무, 생명의 빛, 생명의 주, 새벽 별, 여명이라 불리십니다. 그분은 시험한 돌, 산 돌, 택함을 받은 돌이라 불리십니다. 그는 성전, 확실한 기초, 반석, 만세 반석, 신령한 반석으로 불리십니다.

그는 스스로 있는 자, 부활, 생명, 메시아, 인자, 하나님의 아들, 아브라함의 자손, 다윗의 자손, 의의 아들, 지극히 높으신 이의 아들이라 불리십니다. 그분은 하나님의 사랑하시는 아들, 사랑하시는 아들, 독생자, 전능자, 슬픔의 사람, 죄인의 친국, 하나님의 은사, 말할 수 없는 선물, 하나님의 능력, 하나님의 지혜, 하나님의 형상이라 불리십니다. 그는 처음이요 나중, 알파와 오메가, 시작과 끝, 옛적부터 항상 계신 이, 만주의 주로 불리십니다. 그는 우리와 함께 계신 하나님, 우리의 맏형, 형제보다 더 친밀하신 친구, 처음 난 자, 선생, 신랑, 기묘자, 모사, 전능하신 하나님, 영존하시는 아버지, 평강의 주로 불리십니다.

골짜기의 백합화, 온전히 사랑스러우신 이, 만민 위에 뛰어난 주, 빛나는 새벽 별로 불리십니다. 그는 샤론의 장미, 선지자, 대제사장, 멜기세덱의 반차를 따른 제사장이라 불리십니다. 그는 다스리는 자, 손으로 뜨지 아니한 돌이라 불리시며 종, 종의 종, 비천한 이, 만국의 보배, 어린 양, 한 알의 밀알이라 불리십니다. 제단의 어린 양, 장막문, 등대, 진설병, 향단, 지성소의 휘장, 시은좌의 영광으로 불리십니다. 그분은 피흘린 어린 양, 비둘기, 황소, 붉은 암소, 놋뱀으로 불리십니다. 그는 만찬상의 잔의 즙이요 상의 떡이십니다. 그는 이 모든 것이시며 또 그 이상이십니다. 우리의 큰 구원은 그분을 중심으로 이루어졌습니다.

역사상 어느 이름보다도 그의 이름의 사람들의 펜으로 더 많이 기록되었습니다. 그분만큼 많이 조각가들의 대상이 된 이가 없으며 웅변가들이 그보다 더 많이 묘사한 인물도 없습니다. 더 많은 기관들이 그의 이름을 땄고 더 많은 붓이 그를 그렸습니다. 더 많은 사람들이 그로 인해 변화되었고 더 많은 찬양대가 그의 이름을 노래했으며 더 많은 시인들이 그의 이름을 사랑하였습니다.

이처럼 큰 구원을 등한히 여기면 안됩니다. 이것은 너무나 위대한 것이라 다 묘사하려면 영원히 계속해야 할 것입니다. 어떻게 감히 흙으로 지음을 받은 연약한 우리가, 무력하고 잃어버림을 받아 부패하였고 심판 아래 있던 우리들이 이 놀라운 구원을 받고 나서 그것을 등한히 하고 귀히 여기지 않을 수가 있단 말입니까?

그러면 이제 우리는 "어떻게 하는 것이 구원을 등한히 여기는 것인가?" 하는 질문을 해봅니다. 구원을 등한히 여기는 데는 두 가지가 있습니다. 히브리서 12:1-2, "이러므로 우리에게 구름같이 둘러싼 허다한 증인들이 있으니 모든 무거운 것과 얽매이기 쉬운 죄를 벗어버리고 인내로서 우리 앞에 당한 경주를 경주하며 믿음의 주요 또 온전케 하시는 이인 예수를 바라보자. 저는 그 앞에 있는 즐거움을 위하여 십자가를 참으사 부끄러움을 개의치 아니하시더니 하나님 보좌 우편에 앉으셨느니라." 우리 앞에 당한 경주를 인내로써 경주하려면 모든 무거운 것과 얽매이기 쉬운 죄를 벗어버려야 함을 명심합시다. 하나님께서 우리에게 주신 경주를 경주하지 않을 때 즉 하나님의 온전하신 뜻을 우리가 행하지 않을 때 우리가 이 큰 구원을 등한히 여기는 것입니다. 이 경주는 무거운 것들이나 죄를 가지고 잘 달릴 수 없습니다. 하나님께서는 성령으로 말미암아 또 자기 사람들의 붓을 사용하시어 우리가 먼저 죄를 벗어 놓지 않으면 구원을 등한히 여기는 것이라고 말씀하셨습니다. 그런데 이 큰 구원을 등한히 하지 않으려고 경주를 준비할 때 우리가 거의 언급하지 않는 것이 있습니다. 그것은 무거운 것들을 내려놓아야 한다는 것입니다. 무거운 것이 무엇입니까? 무거운 것이란 그것을 한다고 해서 나쁜 것은 아니지만 하나님께서 우리 앞에 두신 경주를 경주하는데는 방해가 되는 것입니다.

한 선수가 100미터 경주를 한다고 합시다. 그가 출발선에 섭니다. 출발 신호를 기다리면서 달릴 준비를 하고 있습니다. 그런데 어떤 사람이 보니 그는 술에 취해 있습니다. 그는 아직 술이 덜 깬 상태입니다. 전날 밤을 죄악 속에서 보낸 것입니다. 그가 경주를 이길 수 있을까요? 천만에요. 그럴 수 없을 것입니다. 죄는 경주에서 그를 이기지 못하게 만듭니다.

이제 그 선수 옆에 다른 한 선수가 있다고 합시다. 그는 술에 취해 있지도 않습니다. 그는 전날 밤을 잘 쉬었습니다. 음식 조절도 잘했고 준비 운동도 마쳤습니다. 경주를 뛸 준비가 다 된 것입니다. 그는 출발선에서 무릎을 낮추고 출발 신호를 기다리고 있습니다. 오버코트의 단추가 잘 채워져 있고 군화는 단단히 매었습니다. 머리의 모자도 바로 쓰고 있습니다. 그는 경주에서 이길 수 있겠지요? 아닙니다. 죄 때문입니까? 아니요, 무거운 것들 때문입니다. 그의 오버코트는 그 옆 선수의 죄와 같은 일을 그에게 합니다. 두 사람 다 경기를 이길 수 없습니다. 한 사람은 죄 때문에 경기에 지고 다른 사람은 무거운 것들 때문에 그렇게 됩니다. 결과를 놓고 말하면 무거운 것도 방해가 되기는 죄와 마찬가지인 것이지요.

많은 진지한 그리스도인들이 성별된 삶을 살려고 노력하고 있습니다. 가능한 한 그들의 모든 죄를 고백하고 버립니다. 그렇지만 무거운 것들로 인하여 하나님의 그들 앞에 두신 경주를 승리하지 못하고 있습니다. 한 사람이 있지 말아야 할 곳에 있을 때 가장 큰 비극은 그가 있지 말아야 할 곳에 있는 것이 아니라 그가 있어야 할 곳에 있을 수가 없다는 것입니다. 죄의 큰 비극은 그것이 우리에게 무엇을 하느냐가 아니라 우리에게 무엇을 하지 못하게 하느냐 하는 것입니다.

그렇기 때문에 교회의 강단 아래는 죄뿐만 아니라 무거운 것도 버리는 곳이 되어야 합니다. 당신의 삶에서 당신의 경주를 방해하는 것, 그리하여 이 큰 구원을 등한히 여기게 하는 것이 무엇입니까? 죄입니까? 아니면 무거운 것입니까? 그것이 무엇이든 주님 앞에 내려놓으십시오. 그리하여 인내로써 당신 앞에 당한 경주를 경주하며 이 큰 구원을 등한히 여기는 것을 피하십시오.

"그러면 나의 무거운 것이 무엇인지 말해 주세요"라고 말하시렵니까? 그럴 수는 없습니다. 왜냐하면 당신의 무거운 것은 내 것과는 다르고 내게 무거운 것이 당신의 것과 같지 않기 때문입니다. 죄는 누구에게나 죄입니다. 술을 마시는 것은 내게도 죄고 당신에게도 죄입니다. 간음은 내게도 죄고 당신에게도 죄입니다. 거짓말하는 것도 모든 사람에게 죄입니다. 사기를 하는 것도 마찬가지입니다. 죄가 무엇인지는 말씀드릴 수 있지만 무거운 것이 무엇인지는 말씀드리지 못합니다. 당신의 경주가 나의 경주와 다르고 당신의 삶을 향한 하나님의 온전하신 뜻이 나의 삶을 향한 그것과 다릅니다.

내가 당신의 교회에서 설교하게 된다고 가정합시다. 당신은 아직 나를 본 적도 만난 적도 없습니다. 해몬드 제일침례교회와 하일스-앤더슨 대학교, 그리고 잭 하일스 박사에 대해 들은 적은 있습니다. 그래서 나를 만나 내가 어떤 사람인지 보고 싶은 마음이 있습니다. 내가 당신의 교회에서 설교하는 날 서녁에 일찍 당신이 교회의 주차장에 나와서 내가 차를 타고 오면 가장 먼저 인사를 하려고 기다리고 있습니다. 그런데 모터사이클을 타고 오는 나를 보고 깜짝 놀랍니다. 내가 헬멧을 쓰고 바람막이 안경을 쓰고 가죽 잠바에 목이 높은 스웨터를 입고 청바지에 장화를 신었습니다. 당신은 나의 모습에 놀라지 않겠습니까? 실망하시겠지요? 당연히 그럴 것이라 생각합니다. 그러면 모터사이클을 타는 것이 잘못됐나요? 아니지요. 목이 높은 스웨터가 문제입니까? 아닙니다. 바람막이 안경이 나쁜 것입니까? 그렇지 않습니다. 가죽 잠바를 입는 것이 죄입니까? 그럴 수 없습니다. 청바지가 잘못된 것이군요? 아닙니다. 그렇다면 장화를 신은 것이 문제입니까? 아니지요. 그러나 내가 그런 복장으로 당신의 교회에 설교하러 오는 것을 당신이나 교회의 다른 성도들이 보면 그렇게 하지 않았을 경우처럼 효과적으로 나의 경주를 경주할 수 없을 것입니다. 회중 가운데 누가 모터사이클을 타고 온다면 그것이 그날 밤 그의 경주를 방해하지는 않을 것입니다. 나의 경주는 복음과 하나님의 말씀을 전하는 것입니다. 그 사람의 경주는 그것을 듣는 것입니다. 내가 모터사이클을 타고 오는 것은 나의 경주를 방해하는 것이 됩니다.

해몬드 제일침례교회의 집사 한 분은 의사입니다. 그가 한 번은 3만불을 주고 새 벤츠 승용차 한 대를 사서는 교회당에 와서 나를 불러 냈습니다. 그는 "목사님, 저는 목사님이 이 차를 타기를 원합니다. 이것은 제가 드리는 선물입니다"고 내게 말했습니다. 물론 나는 3만불짜리 벤츠를 타는 것은 내게 부담이 되기 때문에 받을 수 없다고 말하지 않을 수 없었습니다. 나는 우리 교회 성도들이 사는 수준 이상의 생활을 할 수 없습니다. 사람들은 내가 그렇게 비싼 차를 타고 가는 것을 놀랄 것이 분명합니다. 결국 그 의사 집사가 그것을 가졌습니다. 그에게는 그것이 무거운 것이 되지 않습니다. 그가 그 차를 타고 다니는 것을 보아도 아무도 실망하거나 실족하지 않습니다. 그것이 내게는 무것운 것이었지만 그에게는 아니었습니다.

한때 나는 소프트볼의 투수였습니다. 그것이 나의 삶에 지나친 비중을 차지하게 되었습니다. 솔직히 말씀드려서 심판들의 실수에 대하여 지나칠 정도로 민감한 반응을 보였습니다. 그래서 21세 때 한 침례교회의 목사로 부임하고 나서 소프트볼을 포기했습니다. 그것이 내게 무거운 짐이 된 것입니다. 사실 우리 교회의 성도 가운데 많은 사람이 소프트볼을 합니다. 그것이 그들에게는 무거운 것이 아닙니다. 그러나 내게는 무거운 것입니다.

당신의 삶에서 무거운 것이 무엇입니까? 당신이 앞에 놓인 경주를 하는데 방해가 되고 결과적으로 하나님의 큰 구원을 등한히 여기게 하는 것이 무엇입니까? 하나님 앞에 가서 당신의 죄 옆에 그것을 같이 내려놓으십시오. 당신이 앞에 당한 경주를 경주하는데 장애가 되지 않도록 그것을 버려 버리세요. 그때 당신은 이 큰 구원을 등한히 여기지 않게 될 것입니다.

그렇습니다. 구원은 선물입니다. 하나님께서 우리에게 그 선물을 주신 후에 이렇게 말씀하십니다. "그것을 등한히 여기지 말아라. 눈에 묻혀 있게 하지 말고 잘 닦아서 광을 내어라. 그것을 잘 활용하도록 해라." 이렇게 해야 하는 것은 구원을 받기 위해서가 아닙니다. 그토록 큰 구원을 받았기 때문입니다.

chapter 16

나의 친구되신 나의 구주

16. 나의 친구되신 나의 구주

잠언 18:24, "많은 친구를 얻는 자는 해를 당하게 되거니와 어떤 친구는 형제보다 친밀하니라."

예수님은 나의 구주이십니다. 그러나 이번 장에서는 내가 그것에 대해 쓰지 않겠습니다. 예수님은 나의 구속의 주님이십니다. 그렇지만 여기서는 그것에 대해 말씀드리지 않겠습니다. 예수님은 나의 임금이시지만 잠시 그것에 대하여는 언급을 하지 않겠습니다. 여기서는 나의 구주가 나의 친구이심을 말씀드리도록 하겠습니다.

사람의 마음은 언제나 우정을 갈망하고 있습니다. 친구를 가진 사람은 행복한 사람입니다. 친구가 되는 사람은 더 행복한 사람입니다. 친구도 되면서 친구를 가지기도 한 사람은 가장 행복한 사람입니다. 그렇지만 인생의 6, 7월과 같은 때에는 그냥 아는 사람과 친구를 구별하기가 좀 어렵습니다. 12월이나 정월같이 찬 바람이 불기를 기다려 보아야 진정한 우정을 시험해 볼 수 있는 것입니다. 바다는 잔잔하고 하늘이 푸를 때는 그것이 어떤 것이라고 말할 수 없습니다. 하늘이 낮게 깔리고 폭풍이 부는 것을 기다려야 합니다. 진정한 우정은 풍랑에 의해 시험받을 때 증명되기 때문입니다.

여기서는 나의 친구, 나의 참 친구에 대해 말씀드리고자 합니다. 그분의 우정에 대해 어떤 것을 말씀드리고자 합니다. 특별히 나는 이것을 마음이 외로운 사람들이나 하늘이 어둡고 돌길을 걷는 사람들에게 또 많은 경우 믿음이 의심으로 변하는 사람들에게 드리고자 합니다. 나 역시 혼자 있을 때가 많은 사람입니다. 나는 나의 구주께서 형제보다 더 친밀하신 친구이심을 발견했습니다.

우리 주위에는 외로운 사람들이 많습니다. 낯선 사람과 한 기숙사 방에 든 대학 신입생, 먼 오지의 군대 막사에서 선잠을 청하는 병사, 또는 한 칸의 방 안에서 천장을 하늘로 삼고 60촉 전구를 태양으로 삼고 벽이 지평선이요 마룻바닥이 초장인 다닐 수가 없어 갇히어만 지내는 이들, 기다리다가 의심하고 또 기다리다가 소망을 품어 보기도 하고 기다리다가 실망을 하고 또 기다리면서 희망을 가지는 병자들, 양로원이라 불리는 외딴 섬에 유배된 노인들, 빈민가에 살면서 아빠가 누구인지 살아 있는지도 모르는 채 교회 버스를 타고 주일학교를 오는 아이들, 그리고 둥지의 아이들에게 엄마와 아빠가 한꺼번에 되려는 홀로 된 여인들이 있습니다. 그러한 당신에게 그리고 비슷한 처지에 있는 모든 이에게 나의 친구를 소개해 드립니다. 어떤 사람이 이런 글을 썼습니다.

"죄 짐 맡은 우리 구주 어찌 좋은 친군지
걱정 근심 무거운 짐 고한 사람 복 받네!"

차알스 위글 박사(Dr. Charles Wiegle)는 이렇게 글을 썼습니다.

"그대에게 예수께서 내게 어떤 분이신지 말씀하리다.

그가 참으로 강하고 진실된 친구이심을 나는 알았소,
그대에게 그가 나의 삶을 온전히 변케 해주신 일을 증거하리이다.
다른 어떤 친구도 못 할 일을 그가 해 주셨다오."

다른 어떤 이는 "주같이 겸손한 친구 있나? 아니요, 없도다"고 했으며 또 어떤 사람은 "내가 한 친구, 참 좋은 친구를 찾았네"라고 하였습니다. 또 한 사람은 "예수는 그대에게 필요한 친구랍니다. 진정한 친구는 그분이랍니다"하고 노래했습니다.

내가 착할 때에 그는 나의 친구입니다. 내가 악할 때도 그는 나의 친구입니다. 내가 건강할 때도 그는 나의 친구입니다. 내가 건강하지 못할 때도 그가 나의 친구입니다. 내가 행복할 때도 나의 구주는 나의 친구입니다. 내가 슬플 때에도 그는 나의 친구입니다. 내가 부할 때도 나의 친구이시며 내가 가난할 때에도 나의 친구입니다. 내가 성공할 때에도 그는 나의 친구입니다. 내가 실패할 때에도 그는 나의 친구입니다. 내가 명예를 얻을 때에도 나의 친구는 그분입니다. 내가 모략을 당할 때도 그가 나의 친구입니다. 기분이 좋을 때도 그가 나의 친구이시며 기분이 나쁠 때도 나의 친구는 그분이십니다. 내가 순종할 때에도 나의 친구이시며 내가 거역할 때에도 나의 친구는 그분이십니다. 내가 믿을 때도 나의 친구이시며 내가 의심할 때도 나의 친구이십니다. 내가 웃을 때에도 나의 친구이시며 내가 울 때에도 나의 친구이십니다. 내가 열심일 때도 나의 친구이시며 내가 시어버렸을 때도 나의 친구이십니다. 하나님 감사합니다! 나의 구주께서 나의 친구이십니다.

나의 친구는 절대 나를 버리지 않습니다. 그는 나를 결코 떠나지 않습니다. 그의 마음에는 언제나 내가 있습니다. 그는 졸거나 주무시는 일이 없습니다. 내 주위에는 어디에나 그가 계십니다. 나를 의의 길로 인도하시며 내 영혼을 소생시키십니다. 내게 싫증을 내는 일이 없으십니다. 그는 언제나 진실되고 강하고 부드러운 분이십니다.

나의 친구는 결코 나를 버리지 않습니다. 내가 가난한 어린 소년이었을 때 공립학교를 다니면서 신을 신지도 못하고 몸에 걸친 좋은 옷도 없었지만 다른 아이들은 비웃어도 그는 나의 친구였습니다. 아버지가 나와 어머니를 버리고 집을 나갔을 때도 그는 나의 친구였습니다. 내가 외로이 군대 생활을 할 때도 그가 나의 친구였습니다. 내가 생명처럼 사랑했던 사람들이 더 이상 소용이 없게 되었을 때도 그는 나의 친구였습니다. 나의 믿는 확신 때문에 홀로 서야 했을 때 많은 친구 목사들이 나를 버리고 떠나갔어도 그는 나의 친구였습니다. 모텔방에서 홀로 나의 고독과 교제 중에 있을 때도 그는 나의 친구이십니다. 내가 비행기 안에 홀로 팽개쳐져 있을 때에도 그는 나의 친구이십니다. 인기 없는 설교를 하고 강단을 걸어 내려올 때에도 그는 나의 친구이십니다.

나의 친구는 내가 필요한 때면 언제든지 나를 도우실 수 있으십니다. 내가 슬픈 일을 당한 날 가운데 내 친구가 내 곁에 계시지 않은 적이 한 번도 없었습니다. 때로는 말이 없으시지만 언제나 그곳에 계십니다. 때로는 그가 가만히 말씀하는 것을 들을 수 있습니다. 다른 때는 그의 손길을 느끼기도 합니다. 그는 언제나 나의 친구이십니다. 몇 시간 전에 돌아가신 아버지의 시신을 모신 관 앞에 내가 섰을 때, 내가 알기로는 그리스도를 영접한 일이 없는 아버지의 죽음 앞에서, 누군가의 손이 나의 팔을 잡는 것을 느꼈습니다. 누가 있는지 보려고 돌아보았지만 그곳에는 아무도 없었습니다. 그렇지만 나는 실제 손이 나를 붙드는 것처럼 손가락 감각을 느낄 수 있었습니다. 그것은 나의 참 친구의 손이었음을 나는 압니다. 어두움이 깃들고 하루의 일과가 끝이 나고 나의 영혼을 그에게 맡길 때 나는 종종 나의 친구가 "잘 하였다" 하시는 말씀을 듣습니다.

나의 친구는 부유합니다. 그는 온 세상을 다 가지고 계십니다. 그는 세상의 모든 열쇠를 다 옆구리에 차고 계십니다. 천산의 모든 생축을 그가 다 소유하고 계시며 모든 광산의 부가 다 그분의 것입니다. 땅의 모든 보석은 그분의 금고에서 넘쳐흘러 나온 것일 뿐입니다. 그는 남은 금을 천국의 길에 포장하는데 사용하셨습니다. 그분의 작은 진주들은 영광의 문들로 사용되었습니다. 그의 손으로 붓질을 하지 않은 인물이 없습니다. 그가 편곡하지 않고는 부를만한 가치가 있는 노래가 없습니다.

모든 색깔에 그의 아름다움이 나타났습니다. 산들이 그의 손이 일한 것들입니다. 그가 모으지 아니한 햇살이 없습니다. 그가 명하지 아니하신 번갯불이 없습니다. 그가 내지 않으신 천둥의 손뼉이 없습니다. 세상의 어떤 면류관도 그의 보석들을 감당할 수가 없으며 아무 왕관도 그의 다이아몬드를 박을 수 없습니다.

나의 친구는 영원의 주님이시며 시간의 주인이십니다. 모든 창조가 그의 손이 하신 일입니다. 그가 나의 친구입니다.

나의 친구는 언제나 나를 사랑하십니다. 내가 아직 죄인일 때 나의 친구는 나를 위해 죽으셨습니다. 나의 모든 삶이 그의 거룩한 목적과는 반대되는 것이었지만 그는 나를 사랑하셨습니다. 나의 죄에도 불구하고 그는 나를 사랑하십니다. 나의 더러움과 실패, 부패함과 연약함에도 불구하고 그는 나를 사랑하십니다. 그의 사랑은 '때문에'가 아니고 '불구하고'입니다. 내가 그를 향해 '아니오'라고 했을 때도 그는 나를 사랑하셨습니다. 십 대 시절에 내가 그를 떠나갔을 때도 그는 나를 사랑하셨습니다. 그의 말씀 성경을 닫고 상 위에 냉담히 버려둘 때도 그는 나를 사랑하셨습니다. 기도의 골방을 비워놓고 그분에 대해 말하기를 부끄러워할 때도 그는 나를 사랑하셨습니다. 지금도 그는 나에 대해서 모략하는 자들이나 비판하는 자들에게 나를 변호하십니다. 그는 나의 변호사가 되셔서 아버지의 우편에 앉아 나를 위해 간구하고 계십니다. 그는 나의 친구이십니다. 그는 거짓말의 아비가 진리의 아버지께 거짓말을 할 때 나를 위해 영원히 중보하십니다.

나의 친구가 내게 사랑의 편지를 썼습니다.

요한복음 3:16에 그는 자신이 나를 너무나 사랑하셔서 독생자를 주시고 내가 그를 믿으면 멸망치 않고 영생을 얻게 하셨다고 말씀합니다.

로마서 5:8에서 그는 내가 아직 죄인일 때에 그리스도가 나를 위해 죽으심으로 나를 향한 하나님의 사랑이 확증되었다고 하십니다.

로마서 8:28에서 그는 하나님을 사랑하는 자 곧 그 뜻대로 부르심을 입은 자에게는 모든 것이 합력하여 선을 이룬다고 했습니다.

빌립보서 4:13에서 그는 내게 능력을 주시는 그리스도 안에서는 내가 모든 것을 할 수 있다고 말씀합니다.

요한복음 14:1에서 그는 내게 마음에 근심하지 말고 하나님을 믿으니 또 그도 믿으라고 말씀합니다. 거기서 그는 그의 아버지의 집에 거할 처소가 많다고 하시며 그가 그곳에 나를 위해 처소가 있게 예비하러 갔다가 다시 와서 나를 그가 계신 곳으로 영접하여 그곳에서 나도 그와 함께 거하게 하시겠다고 말씀하셨습니다.

시편 91:1에서 그는 내가 지존자의 은밀한 곳에 거하면 전능자의 그늘 아래 거할 수 있다고 하십니다.

고린도전서 13장에서 그는 사랑은 결코 끊어지지 않고 지금 이 시간도 영광의 세상에 나의 처소를 예비하고 계신다고 말씀합니다.

그것이 얼마나 아름다울는지 생각해 보십시오. 그가 육 일 동안에 하신 일들을 보십시오. 그는 지평선 위에 피라밋 같은 산들을 세우시고 구름이 펼쳐진 하늘로 덮으셔서 내가 운전할 때면 그늘이 되게 하시고 비행기를 탈 때는 카펫이 되게 하십니다. 그가 신성의 눈물을 떨구셔서 조그만 연못이 되게 하신 후 내가 땅을 볼 때도 하늘을 볼 수 있게 하셨습니다. 밤새도록 새들을 모아 합창 연습을 시켰다가 아침에 나의 출근길에 나를 위해 콘서트를 하게 하십니다. 내게 장미를 주시며 하늘의 제단에 놓인 향을 취하여 그 주위에 조금 뿌리시곤 천국의 동산을 약간 맛보게 하십니다. 나를 산 위에 데려다 놓고는 변덕스런 골짜기 물이 뱀처럼 구불거리며 대양에 있는 종점을 향해 내려가는 것을 따라 나도 가게 하십니다. 마치 거총을 한 군인들이 도열한 것같이 소나무들을 줄지어 놓으시곤 나로 그 사이에 경례를 받으며 사열하게 하십니다. 마치 자기 역기를 힘들여 들어 올린 올림픽의 역도 선수 같은 북 캘리포니아의 레드

우드를 내게 보여주십니다. 다이아몬드를 보여주시며 보름달이 떴을 때 호수의 반짝임 같은 우아함을 보게 하십니다. 나를 위해 에메랄드의 청아함과 하늘의 푸름과 황옥이 어울린 일몰을 준비하시고 낮을 다스리던 큰 광명을 그 안에 가두어 내가 잘 볼 수 있도록 하십니다.

이 모든 것들과 또 많은 일들, 훨씬 많은 일들을 엿새 동안에 하셨습니다. 천국은 어떨지 생각해 보세요. 장미와 수선화, 팬지와 라일락을 잘 살펴보세요. 그것들은 엿새 안에 하신 일이랍니다. 그렇다면 거의 2천 년 동안 준비되고 있는 천국의 꽃들은 과연 어떨까요? 버드나무나 참나무, 소나무나 자작나무, 그리고 단풍나무는 엿새 동안의 일이었습니다. 천국의 나무들은 과연 어떨까요? 그는 그것들을 나를 위해 2천 년 동안 준비하고 계십니다. 그는 나로 다뉴브나 나일 그리고 티그리스강 같은 곳을 다녀보게 하시고 천국의 생명강은 어떻겠느냐고 물으십니다. 복숭아의 달콤한 맛과 오얏의 새콤함 그리고 바나나의 은근한 단 맛을 보라고 하시고 "엿새 동안에 내가 그것들을 만들었는데 천국의 과실들은 맛이 어떨지 상상할 수 있겠는가? 지금까지 2천 년 동안 그 일을 하고 있다네!" 하십니다.

내 친구는 온유하십니다. 그의 온유는 연약한 온유가 아닙니다. 진정한 온유는 연약할 수 없습니다. 그의 온유는 잘 관리되는 힘입니다. 그의 온유는 대양이 해에 입 맞출 때나 작은 아이가 조용한 물에 발을 잠그고 잔잔한 파도의 키스를 받을 때 바다가 낮잠을 자는 것과 같은 것입니다.

내 친구는 온유하지만 또 그는 힘이 센 분입니다. 그의 끌이 높은 산들을 깎아 냈습니다. 그의 물병이 호수들을 부어 냈습니다. 그의 붓으로 인해 무지개가 말을 합니다. 그의 노가 떨림을 낳습니다. 그의 권세 앞에서 빗방울은 조심스레 발끝걸음을 하며 눈발이 되어 내립니다. 그의 숨결이 부드러운 바람이 되어 씨앗들이 소생하게 합니다. 새벽 별들이 환호하는 가운데 그는 골짜기들을 파내십니다. 일곱 색의 목재를 깎아 활을 만들어 내십니다. 천둥의 소리 뒤에 들리는 한 강한 음성은 하나님의 것이랍니다. 광풍은 그의 발자국이며 봄바람은 부드러운 그분의 발걸음입니다.

허리케인이 그의 부름을 기다리고 있으며 지진은 그의 성실한 종입니다. 번개가 그의 발아래 엎드려 명령만 기다리고 있습니다. 광풍이 그의 명령에 순종합니다. 그러면서 "그는 나와 동행하면서 담화하시고 내가 자기 것이라 말씀하십니다. 거기서 우리가 함께 보내며 나누는 기쁨은 다른 사람은 아무도 모른답니다!"(찬송가 '저 장미꽃 위의 이슬'의 후렴 가사를 직역함-역자 주)

나의 친구는 후하신 분입니다. 내가 필요한 것은 전부 다 그리고 한없이 많은 것들을 내게 주십니다. 자기가 가진 모든 것을 나와 나누십니다. 그의 부는 내가 물려받을 것입니다. 자기에게 속한 세상과 그 안에 충만한 것들을 내게 주십니다. 그리스도 예수 안에서 그 영광의 부를 따라 나의 모든 쓸 것을 채우십니다. 바다의 음악도 초당의 에메랄드도 티 없이 맑은 하늘도 무지개의 은은함도 바람에 가늘게 떨리는 작은 가지들도 다 그가 주신 것입니다.

그러나 무엇보다도 그는 바로 나의 친구이십니다. 자기 천국을 나와서 나와 함께 조용한 모텔방에 오셔서 내게 말씀하십니다. 한밤의 비행기의 내 옆자리를 미리 예약해 놓으십니다. 다른 사람이 다 나를 이해하지 못해도 그는 나를 이해하십니다. 다른 모든 손이 바빠도 그의 손은 내 손을 붙든답니다.

"예수 만한 친구가 없네,
나의 모든 필요를 주시는 이
구원하시고 또 지키시는 이
언제나 변함없는 내 친구이시네."

아 참, 그리고 나의 친구께서는 당신의 친구도 되시기를 원하십니다!

chapter 17

지옥은 왜?

17. 지옥은 왜?

(해몬드 제일침례교회에서 한 설교)

이 설교는 여러분을 놀라게 할 것입니다. 오늘 아침 나는 내가 이 교회의 담임 목사로 지난 25년간 시무하면서 주일 아침 설교로서는 아마 한 번도 설교하지 않았을 주제를 가지고 설교하겠습니다. 이 주제로 주일 아침에 설교한 적이 있는지 나는 알지 못합니다. 왜 그랬는지 이유를 모르겠습니다. 어쩌면 예배 시간이 주일 저녁처럼 길지 않아 설교가 짧아야 했기 때문일 수 있겠습니다. 또 내가 설교하기를 별로 좋아하지 않는 주제이기 때문일 수도 있겠지요. 그것은 나의 사랑하는 사람들과 친구들이 가 있는 곳.... 오늘 아침 나는 "지옥은 왜?"라는 제목으로 말씀을 드리겠습니다. 이 설교는 비록 내가 뜨거운 지옥 불과 심판에 관한 설교를 하는 사람으로 알려진 것은 사실이지만 그 같은 설교는 아닙니다. 오늘 아침 나는 여러분의 마음과 이성에다 말씀을 드리고 싶습니다. 여러분의 교양에 말씀을 드리고 싶습니다. 여러분의 인격에 말씀을 드리고자 합니다. 내 말을 잘 들어 주십시오. 전에 이런 설교를 들으신 적이 없을 것입니다. 나도 전에 이 같은 설교를 한 적이 없습니다. 주의 깊게 내 말을 들으셔야만 합니다.

이것에 대해 설교하기가 내게는 쉽지 않습니다. 왜냐하면 나의 선친께서 내가 아는 한 그리스도 밖에서 돌아가셨기 때문에, 솔직히 말씀드려서 지옥을 생각하는 것은 나의 마음을 괴롭게 하는 것입니다. 사람이 죽어서 영원히 지옥 불 가운데 타야 한다는 것은 내게 부담이 되는 것이고 받아들이기 쉽지 않은 것입니다. 내가 그것을 받아들이는 데는 한 가지 이유가 있습니다. 내가 어린 소녀이었을 때 나의 어머니는 내게 이 책이 하나님의 말씀이라고 가르치셨습니다. 어머니는 이 책의 모든 말씀이 하나님의 말씀이라고 하셨습니다. 나는 한 번 실수로 주립대학을 1년간 다닌 적이 있는데 거기 교수들은 교단에 서서 "성경은 하나님의 말씀이 아니다"고 내게 가르쳤습니다. 그들은 나의 어머니의 신앙을 비웃었습니다. 그들은 나의 목사님의 성경을 비웃었습니다. 정말 솔직히 말씀드리면 나도 다른 사람들과 마찬가지로 믿음이 흔들렸습니다. 그해 절반가량 지날 때까지 나는 성경이 하나님의 말씀인 것을 의심했습니다(그래서 내가 하나님께 하일스 앤더슨 대학교를 주신 것을 감사하는 것입니다). 나는 의심을 했습니다. 그 말은 내가 믿지 않았다는 것이 아닙니다. 확신을 가질 수가 없었습니다. 그들이 나의 믿음을 흔들어 버린 것입니다. 어머니는 그것이 하나님의 말씀이라 하셨고 목사님도 그렇게 말씀했는데 박사학위를 가진 나의 교수는 그것이 아니라고 했습니다. 그래서 한 가지 일을 하기로 작정을 했습니다. 성경을 가지고 창세기 첫 절에서 성경 끝까지 모든 말씀을 무릎을 꿇고 읽어 보기로 결심했습니다. 무릎을 꿇고 성경을 전부 읽기로 한 것입니다. 읽을 때마다 하나님께 그것이 사실인지 보여 주십사고 기도했습니다. "사실이라면, 깨닫게 해주십시오!" 서너 달이 걸려서 성경을 무릎을 꿇고 다 읽었습니다. 그것을 다 읽었을 때 나는 어머니의 말씀이 맞는 것을 알았습니다.

나는 내가 지적으로 떨어지는 사람이라고 생각지 않습니다. 나의 이성이 비합리적이라고 생각하지 않습니다. 나를 천재나 학자의 범주에 넣는 것은 아니지만 그렇다고 바보나 어리석은 사람으로 생각지도 않습니다. 나를 머리가 돈 자라고 생각하는 사람만큼 나도 그들의 머리가 돌았다고 생각합니다만, 그들만큼 나도 지적인 사람이라고 생각합니다. 나는 이 성경을 믿습니다. 내가 이 책을 믿기 때문에 나는 그 안의 모든 말씀이 진실이라고 믿습니다. 내가 이 안의 모든 말씀을 진실이라고 믿기 때문에 성경이 "악인이 음부(지옥)로 돌아감이여 하나님을 잊어버린 모든 열방이 그러하도다"(시편 9:17) 했을 때 그것도 믿어야 하는 것입니다. 그것이 내 마음에 부담이 되지만 성경이 그렇게 말하니 내가 믿을 수 밖에 없는 것입니다. 성경이 "또 왼편에 있는 자들에게 이르시되 저주를 받은 자들아 나를 떠나 마귀와 그 사자들(천사-angels)을 위하여 예비된 영영한 불에 들어가라"(마태복음 25:41) 고 하시니 나는 그것을 믿습니다. 믿고 싶지 않습니다. 믿지 않을 수 있다면 좋겠습니다. 그렇지만 나는 그것을 믿습니다. 왜냐하면 그것이 하나님의 말씀인 줄을 내가 알기 때문입니다.

이제 내 말을 들으십시오. 이것이 내게 쉬운 것이 아닙니다. 내가 젊었을 때는 용서에 대해서보다는 차라리 죄에 대해 설교하려 했습니다만 이제는 그렇지 않습니다. 이제는 죄에 대해서보다는 차라리 용서에 대해 설교하겠습니다. 젊었을 때는 하나님의 사랑보다는 하나님의 진노에 대해 더 설교하려 했지만 그런 시절은 지나갔습니다. 내게 설교할 기회를 주신다면 하나님의 진노보다는 하나님의 사랑에 대해 설교할 확률이 열배나 많을 것입니다. 한때는 긍휼보다도 심판에 대해 더 설교했지만 더 이상 그렇지 않습니다. 심판에 대해 설교도 하지만 차라리 긍휼에 대해 설교하겠습니다. 한때는 그리스도의 재림에 대해 설교하려 했지만 이제는 재림하시는 그리스도에 대해 설교하려 합니다. 이 주제, 지옥에 대하여는 내가 항상 움츠렸지만 성경에 있는 것이기 때문에 내가 설교해야만 하는 것입니다.

오랜 전에 나는 텍사스주 마샬시(Marshall, TX) 교외에 있는 그랜지 홀 침례교회(Grange Hall Baptist Church)의 목사로 있었습니다. 나는 시골 목사였습니다. 교회 바로 옆에 사택이 있었습니다. 그리고 뒷마당에는 펌프가 달린 우물이 있었습니다. 그때 시가로 사택이 약 2,000불 정도 나갔는데 그것은 잘 부른 값이었습니다. 뒷마당에 쥐가 한 마리 살았는데 엄청나게 큰 쥐였습니다. 텍사스 쥐이니 당연한 이야기지요! 우리는 수단 방법을 다하여 그 쥐를 없애려 했습니다. 쥐틀을 밖에 내놓으면 그 쥐는 자기에게 준 선물인 줄 알고 가지고 놀았습니다. 쥐약을 뿌려 놓았더니 그것을 먹고는 살만 더 쪘습니다. 나는 더 큰 쥐틀을 구해와서 거기 갖다 두었습니다. 기어코 그것을 잡으려고 했던 것입니다. 우리 집에는 또 작은 개가 한 마리 있었는데 테리어(Terrier) 종이었고 이름은 푸키라고 불렀습니다. 그 개는 눈이 있는지 없는지 알 수 없는 그런 개였습니다. 자기 털 때문에 앞을 잘 보지 못했습니다. 어느 날 나는 쥐틀이 철커덕하는 소리를 듣고 "잡았다! 드디어 잡았다!"고 외치면서 밖으로 뛰어나갔습니다. 쥐가 우는 소리치고는 엄청나게 이상한 소리가 들려왔습니다. 그것을 잡아서 박제사에게 가서 박제를 만들어야겠다고 생각하면서 뒷마당으로 달려갔는데 쥐틀에 잡힌 것은 푸키였습니다.

이것이 지옥이 있는 이유를 설명해주는 더할 수 없이 완전한 예화입니다. 쥐틀은 푸키를 위해 갖다둔 것이 아닙니다. 쥐를 위해 갖다 놓은 것이지요. 그렇지만 그것은 내가 그곳에 뒀기 때문에 그곳에 있었습니다. 푸키가 앞발을 딛지 말아야 할 곳에 넣었을 때 그가 쥐처럼 걸려들고 만 것입니다. 이제 내 말을 잘 들으십시오.

1. 하나님이 천사들을 창조하셨습니다.

주님은 그들을 부리는 종들로 지으셨습니다. 주님은 천사들을 세 그룹으로 지으셨습니다. 그리고 각 그룹마다 천사장을 세우셨습니다. 여기에 한 그룹의 천사들이 있는데 그들의 장은 천사장 루시퍼였습니다. 메신저들로 사용하실 두 번째 그룹이 있는데 가브리엘이 저들의 천사장이었습니다. 세 번째 그룹의 천사들은 하나님의 백성들을 위해 싸우는 천사들인데 천사장 미가엘이 그 장이었습니다. 세 그룹의 천사들이 있었습니다. 한 그룹은 루시퍼 아래, 한 그룹은 가말리엘 아래, 그리고 다른 한 그룹은 미가엘 아래에 있었습니다.

2. 하나님께서 고통의 장소 곧 지옥을 만드셨습니다.

그곳은 성경이 불이 있는 곳이라고 말하는 곳입니다. 성경은 이곳이 의식이 있는 곳이며 그것에 오지 않을 수 있었던 기회들을 기억할 수도 있는 곳이라고 말씀합니다. 하나님은 이곳을 지옥이라고 부르셨습니다. 기억하십시오. 하나님이 지옥을 만드셨을 때는 이 땅에서 사람이라곤 한 명도 없었습니다. 하나님은 지옥을 사람을 위해 만들지 않으셨습니다. 하나님은 우리가 쥐를 위해 쥐틀을 놓은 것처럼 천사들을 위해 지옥을 만드셨습니다.

3. 하나님은 지옥을 천사들이 범죄하면 대가를 치르는 장소로 마련하셨습니다.

하나님이 천사를 지으셨습니다. 지옥도 만드셨습니다. 하나님은 그곳을 천사들이 범죄할 경우에 그 값을 지불하는 곳으로 마련하신 것입니다. 쥐틀이 놓인 것이지요. 하나님은 천사들이 범죄하기를 원하시지 않으셨습니다. 그렇지만 주님은 천사들에게 "여기에 지옥이 있다. 만일 너희가 범죄하면 거기서 영원히 지내야 될 것이다"고 하셨습니다. 주님이 말씀하시는 것은 사람들을 두고 말씀하신 것이 아닙니다. 천사들을 두고 하신 말씀이었던 것입니다.

4. 천사들은 충분히 경고를 받았습니다.

하나님이 미가엘에게 말씀하셨습니다. "만일 너와 너의 천사가 범죄하면 지옥으로 가게 될 것이다." 그는 또 "루시퍼, 너는 너의 천사들과 함께 내 말을 들으라. 만일 너희가 범죄하면 그 값은 지옥이다." 하나님은 모든 천사들에게 "너희가 범죄하면 보낼 곳을 내가 마련해 두었다"고 말씀하셨습니다. 다시 말씀을 드리겠습니다. 하나님은 지옥을 어떤 사람이건 사람을 위해 만드시지 않으셨습니다. 하나님은 덫을 하나 놓아두신 것입니다.

5. 천사들의 삼 분의 일이 범죄했습니다.

루시퍼와 그의 천사들이 하나님을 반역했습니다. 루시퍼가 말했습니다. "내가 나를 높이겠노라. 내가 가장 높으신 이처럼 되겠노라. 하늘들

위에 내가 올라가겠노라.” 그가 교만해진 것입니다. 교만의 죄가 오자 루시퍼는 말했습니다. “내가 반역하여 천국에 반란을 일으키겠노라. 지금은 내가 천국의 제2인자이지만 내가 제1인자가 되겠노라.” 하나님은 이미 죄의 값을 정해 놓으셨습니다. 주님이 한 장소를 준비해 두신 것입니다. 그런데 어떤 일이 일어났습니까? 천사의 삼 분의 일이 죄를 지었습니다. 이제 여섯 번째 드릴 말씀은 이것입니다.

6. 하나님이 자신이 하시겠다고 하신 일밖에 다른 일을 하실 수가 없었습니다.

하나님의 말씀이 선하지 않으면 하나님은 하나님이 아니십니다. 하나님의 말씀은 언제나 진실되십니다. 하나님은 “내가 그렇게 해야겠다”고 말씀하셨습니다. 마태복음 25:41을 보십시오. “또 왼편에 있는 자들에게 이르시되 저주를 받은 자들아 나를 떠나 마귀와 그 사자들(angels)을 위하여 예비된 영영한 불에 들어가라.” 명심하십시오. 아직 사람은 아무도 없었습니다. 에덴동산에 아담이 아직 있지 않았습니다. 사람은 아직 아무도 지음받지도 태어나지도 않았습니다. 사람은 아무도 없었던 것입니다. 자, 하나님이 천사들을 지으셨습니다. 그가 고통의 장소 곧 지옥을 만드셨습니다. 그들은 충분히 경고를 받았습니다. 그런데 그 삼 분의 일이 루시퍼의 주동으로 범죄했습니다. 하나님은 다른 선택을 하실 수가 없었습니다.

7. 하나님이 사람을 지으셨습니다.

하나님이 사람을 지으시기 전에 이미 지옥은 있었습니다. 하나님은 사람을 위해 지옥을 만드시지도 지옥을 위해 사람을 만드시지도 않으셨습니다. 하나님은 지옥을 마귀와 그 천사들을 위해 지으셨습니다. 여기서 잘 들으십시오. 푸키의 이야기로 돌아가 봅시다. 쥐를 잡으려고 쥐틀을 놓았습니다. 나중에 그 쥐를 잡기는 했지만 먼저 잡은 것은 푸키였습니다. 우리가 푸키를 잡으려고 했나요? 아닙니다. 우리가 잡으려고 했던 것은 쥐였습니다.

8. 사단이 사람에게 와서 자기가 가는 지옥으로 사람을 끌고 가려 했습니다.

사단은 동반자를 원했습니다. 그는 자기가 지옥을 가는데 다른 누가 천국을 누리는 것을 원치 않았습니다. 루시퍼와 그의 천사들은 마귀와 그의 사자들이 되었습니다. 사람이 에덴에 있을 때 그들이 하려 했던 것이 바로 이것입니다. 그는 사람에게 와서, "이것을 한 번 해보라"고 권했습니다. 사람은 교만하게 되었고 루시퍼가 저지른 동일한 죄를 저질렀습니다. 사람이 말했습니다. "내가 나의 하나님이 되겠다. 무엇이 옳고 그른지 내가 판단하겠다. 내가 하나님이 되겠다. 내 마음대로 살겠다. 내가 나의 삶의 임금이 되겠다. 내 마음의 보좌에는 내가 앉으리라. 내 결정은 내가 내리리라. 내가 원하는 것을 하고 살겠다. 내가 원하는 곳에 갈 것이고 내가 원하는 것이 되어야겠다." 사람은 사단의 미혹을 받아 그가 한 짓을 자기도 하게 되었습니다. 사람은 자신을 위해 준비된 것이 아닌 덫에 걸리고 만 것입니다.

9. 사단은 사람이 자기가 한 짓을 하고 자기가 범한 죄를 짓도록 사람을 유혹하였습니다.

10. 값은 이미 정해졌습니다.

이제 잘 보십시오. 하나님이 말씀하셨습니다. "범죄하는 그 영혼이 죽으리라"(에스겔서 18:4하). "죄의 삯은 사망이요"(로마서 6:23상). "이러므로 한 사람으로 말미암아 죄가 세상에 들어오고 죄로 말미암아 사망이 왔나니 …"(로마서 5:12상)

하나님은 이미 죄의 형벌을 정해 놓으셨습니다. 원래 그것은 하나님이 사람을 위해 정해 놓으신 것이 아닙니다. 천사들을 위해 정해 놓으셨습니다. 그는 지옥을 천사들이 범죄하면 보내시려고 준비하셨습니다. 그들이 범죄했습니다. 그리고 마귀는 사람도 같은 덫에 빠지도록 했던 것입니다.

11. 비록 지옥이 사람을 위해 준비된 것은 아니지만 하나님은 사람을 지옥에 가게 하셔야 했습니다.

12. 하나님은 사람을 해방시키시려 기꺼이 33년간이나 신성(삼위일체의 하나님의 특성: Godhead)을 포기하시기로 하셨습니다.

왜 하나님은 천사들을 구원하려 하지 않으셨습니까? 우리가 쥐는 잡고 푸키는 잡으려 하지 않았던 것과 동일한 이유입니다. 푸키가 덫에 걸렸을 때 나는 뛰어 나가 "아이고 저런, 푸키야! 귀여운 우리 강아지 푸키야!" 소리쳤습니다.

푸키가 말했습니다. "나 이것 싫어요."

내가 뒷마당으로 달려가 푸키를 쥐틀에서 꺼낼 일을 강구하기 시작했습니다. 쥐가 거기에 잡혔든지 안 잡혔든지 상관이 없습니다.

전능하신 하나님이 천사들을 지으셨습니다. 하나님은 천사들을 자기 형상을 따라 짓지는 않으셨습니다. 하나님은 그들을 부리는 종들로 지으셨습니다. 천사들이 범죄했을 때 하나님은 독생자를 보내어 갈보리에서 저들의 형벌을 대신 받게 할만한 가치가 있는 존재로 그들을 보지 않으셨습니다. 그러나 사람이 덫에 걸렸을 때 하나님은 "저들을 풀어줄 방도를 강구해야겠다"고 하셨습니다. 그 말은 하나님이 천사 가브리엘보다 우리를 더 사랑하신단 말입니다. 그 말은 하나님이 미가엘을 사랑하시는 것보다 우리를 사랑하시는 것이 더 크단 말입니다. 그 말은 오늘날 천국을 날아다니는 천사들이나 이 땅에 하나님의 사절로 오는 천사 혹은 하나님의 메시지를 가지고 오는 천사를, 마리아가 메시아를 잉태할 소식을 가져다준 그 천사를, 감옥에 있던 베드로에게 와서 그가 자유롭게 될 것을 알려주고 옥의 문을 열어주었던 그 천사를, 요셉에게 와서 마리아의 태에 잉태된 씨는 사람의 것이 아니고 하나님의 성령에 의한 것이기 때문에 마리아를 데려오기를 무서워 말라고 말해 주었던 그 천사를, 감옥에 있던 바울에게 와서 그를 섬기던 그 천사를, 이 모든 천사들을 하나님이 사랑하시지만 자기 아들을 주실 만큼 사랑하지는 않으신다는 말입니다. 창조주의 형상을 따라 지음을 받은 사람이 자기를 위해 만들어진 것이 아닌 덫에 빠졌을 때 하나님은 자기의 공의를 만족시키면서 사람을 거기서 벗어나게 할 한 방도를 찾으셨습니다.

나는 단호히 그렇지만 사랑으로 이 말씀을 드립니다. 불친절하게 말씀을 드리고 싶지는 않습니다. 그렇지만 만일 그대가 죄인이면서 하나님이 그 덫에서 나올 수 있도록 마련하신 길을 따르지 않는다면 그대는 마귀와 그 천사들과 같은 최후를 맞고 말 것입니다. 마태복음 25:41, "또 왼편에 있는 자들에게 이르시되 저주를 받은 자들아 나를 떠나 마귀와 그 사자들(angels)을 위하여 예비된 영영한 불에 들어가라." 만일 그대가 지옥에 간다면 그것은 갈 필요가 없는 곳에 가는 것입니다.

가끔 한 번씩 내게 이렇게 말하는 사람들이 있습니다. "목사님은 사랑의 하나님께서 사람을 지옥에 보내시리라고 생각하세요?" 사랑의 하나님이 사람을 지옥에 보내는 것이 아닙니다. 사랑의 하나님이 사단을 위해 덫을 준비해 두셨습니다. 그런데 우리가 사단의 말을 듣다가 그것에 빠진 것입니다. 그랬기 때문에 하나님의 공의가 그의 말씀을 지키시기를 원합니다. 하나님은 우리가 덫에 빠진 것을 보시고 말씀합니다. "네가 그곳에 있게 하지 않을 수가 없구나. 그렇지만 내가 한 방도를 구하겠다." 하나님은 자신이 육체가 되셔서 이 땅에 와 우리를 대신하여 그 덫에 빠질 계획을 세우셨습니다. 우리를 위해 그 덫에 들어오셔서 우리에게 "이제 너희는 나가도 돼"라고 말씀하십니다. 그러나 하나님은 우리를 그곳에서 끄집어내어 주시지는 않으십니다.

하나님이 말씀하십니다. "내가 너희를 위해 지옥을 만든 것이 아니다. 나는 너희가 지옥에 가는 것을 원치 않는다. 나의 의와 진실이 너희가 형벌을 받을 것을 요구하고 있다." 그렇지만 하나님은 우리를 나오게 할 방도를 구하셨습니다. 잠깐 멈추고 생각해 보십시오. 하나님은 우리를 가브리엘을 사랑하는 것보다 더 사랑하십니다. 하나님은 가브리엘을 수많은 세월을 데리고 계셨습니다. 하나님이 자기 천사를 위하여는 하지 않으실 일을 우리를 위해 하셨습니다. 자기 천사장들을 위하여는 하지 않으실 일을 우리를 위해 해주셨습니다. 하나님이 그의 그룹들과 스랍들을 위하여는 하지 않으실 일을 우리를 자기 형상대로 지으셨기 때문에 우리를 위해 해주셨습니다. 하나님이 말씀하셨습니다. “내가 천사들은 나처럼 만들지는 않았지만 사람은 나처럼 만들었다.” 사람이 마귀와 그의 천사들을 위해 예비된 덫에 빠지자 하나님은 “루시퍼는 정죄를 받아 영원히 지옥에 빠질 것이다. 나의 보좌를 찬탈하려던 그의 천사들도 정죄를 받아서 지옥에 영원히 있을 것이다. 그렇지만 나의 형상을 따라 지음을 받은 사람, 내 눈의 눈동자인 사람, 나의 삶의 가장 사랑하는 것이요 내 마음의 사랑인 사람은 내가 그 덫에서 건져내야겠다.”

사람이 그 덫에서 나오고 지옥 불을 피할 수 있는 길은 오직 하나밖에 없습니다. 그 길은 교회에 가입하는 것이 아닙니다. 푸키가 텍사스주 마샬시 러스구(Russ county Marshall, TX)의 모든 교회에 가입했다 해도 그는 여전히 쥐틀 안에 있습니다. 그 덫 안에서 침례를 받는다 해도 덫에서 나올 수 없습니다. 내가 뒷마당에 주의 만찬을 준비하여 그에게 베푼다 해도 그는 여전히 덫 안에 있습니다. 내가 한 길을 만들었습니다. 그 덫의 큰 스프링을 들고는 말했습니다. “푸키, 네 앞발을 그 스프링 밖으로 내어 봐.” 그리고 푸키는 “알았어요. 그렇게 하겠어요” 했습니다. 푸키는 여러분 중의 어떤 사람들보다 훨씬 더 똑똑했습니다.

하나님이 육체가 되셨습니다. 그의 이름은 예수입니다. 그는 한 번도 죄를 짓지 않았기 때문에 그 덫에 걸리시지 않으셨습니다. (푸키는 사고로 덫에 걸렸지만 예수님은 그렇지 않았습니다.) 예수께서는 죄를 한 번도 짓지 않았지만 33년을 이 땅에서 사신 후에 이렇게 말씀했습니다.

“자, 덫아. 내가 여기 있다.” 그리고는 우리를 놓아주시려고 자발적으로 자신이 그 덫으로 들어가셨습니다.

얼마 전에 오클라호마시(Oklahoma city)에서 이상한 일이 일어난 적이 있습니다. 그곳에 있는 동물원에서 호랑이 한 마리가 풀려나왔습니다. 온 동네가 두려움에 사로잡혀 버렸습니다. 마을 어딘가에 풀려난 호랑이, 사나운 맹수가 있었기 때문입니다. 한 사람이 좋은 생각을 해냈습니다. 그들은 작은 양을 한 마리 준비하여 우리 덫의 문 앞에다 두었습니다. 호랑이가 그 양을 보았을 때 그는 시장기를 느꼈습니다. 호랑이에게 양은 햄버거와 같으니까요. 호랑이가 그 양을 덮쳤을 때 문이 내려왔습니다. 호랑이를 잡았습니다.

예수 그리스도는 하나님의 어린 양이 되셨습니다. 마귀가 말했습니다. “내가 저를 덮쳐야겠다!” 마귀가 그를 잡으려 우리 안으로 들어왔습니다. 양이 죽음을 당했습니다. 왜 그랬습니까? 여러분과 내가 마귀라고 불리는 돌아다니는 맹수를 무서워하지 않도록 하시려는 것이었습니다.

이제 여러분은 왜 지옥이 있는지 그 이유를 보셨습니다. 그 이상 더 분명히 들으실 수 없을 것입니다. 목사들이 강단에 서서 “회개하지 않으면 여러분은 지옥에 가게 됩니다!”고 외칩니다. 우리는 그런 말을 하고 싶지 않습니다. 그런 말을 하는 것이 좋지 않습니나. 그런 말을 하지 않을 수 있으면 좋겠습니다. 그러나 지옥은 사실로 존재합니다. 그렇지만 지옥은 사람을 위해 지은 것이 아닙니다.

1. 하나님께서 천사들을 지으셨습니다.
2. 하나님께서 고통의 장소 곧 지옥을 만드셨습니다.
3. 하나님은 지옥이 천사가 범죄하면 그 값을 치르는 곳으로 정하셨습니다.
4. 천사들은 충분히 경고를 받았습니다.
5. 천사의 삼 분의 일이 범죄했습니다.
6. 하나님은 자신이 하시겠다고 하신 일을 하시는 것밖에 다른 도리가 없었습니다.
7. 하나님이 사람을 지으셨습니다.
8. 사단이 사람에게 와서 그가 가는 지옥으로 사람을 끌고 가려 했습니다.
9. 사단은 사람을 꾀어 자신이 한 짓을 그도 하게 하고 자기가 범한 죄를 그도 범하게 했습니다.
10. 값은 이미 정해져 있었습니다.
11. 지옥이 사람을 위해 준비된 곳은 아니지만 하나님은 사람을 그곳에 보내셔야 합니다.
12. 하나님은 사람을 자유케 하시려고 33년간 신성을 포기하시기로 지원하셨습니다.

이제 우리는 둘 중 하나를 선택해야 합니다. 구원을 받으려고 교회에 가입하고 침례를 받고 새로운 각오를 하고 선한 삶을 살려 하고 주의 만찬에 참예하려고 할 수 있겠지요. 그렇게 해보십시오. 그렇지만 그런 일들을 해도 죽으면 지옥에 갑니다. 또 하나는 "하나님 감사합니다. 하나님의 어린 양 예수께서 나를 대신하셨군요. 나를 위해, 나를 자유롭게 하시려고, 루시퍼도 아니고, 가브리엘도 아니고, 미가엘도 아니고, 하나님이 나를 위해 만든 것이 아닌 덫에서 나를 건져주셨군요. 내가 바로 하나님이 사랑한 대상이로군요" 말할 수도 있습니다.

그렇습니다. 하나님이 한 방도를 마련하셨습니다. 그것은 우리가 우리 인생의 한 순간에 "내가 나를 구원할 수 없구나. 그러니 이제 천국을 향한 소망으로 나는 예수 그리스도와 십자가에서 그가 이루신 일을 믿겠다. 나는 비행기의 조종사를 내가 믿는 것처럼 그분을 믿으리라"라고 말하는 것입니다.

나는 비행기를 타고 플로리다에 가서 내일 밤과 화요일 밤에 설교를 할 것입니다. 시카고의 오헤어 비행장(O'hair airport)에서 비행기를 탈 것입니다. 조종실에는 세 사람이 있을 것입니다. 그들 세 사람을 믿고 나는 비행기를 탈 것입니다. 나는 비행기를 조종할 줄을 모릅니다. 그리고 비행기 없이는 날을 줄도 모릅니다. 그렇지만 플로리다에 갈 희망이 있습니다. 그것은 그 세 사람을 의지하는 것입니다. 그것이 나의 유일한 희망입니다. 비행기가 고도 3만 피트 정도를 날 때 내가 여승무원의 얼굴을 때려 버리기로 마음먹는다 합시다. "아가씨, 이것 봐!" 하고는 후려쳐 버립니다. 내가 어디로 가고 있습니까? 플로리다지요.

기장이 뒤로 와서 내게 말한다고 합시다. "당신이 여승무원을 쳤습니까?" 내가 말합니다. "예, 내가 그랬어요, 그리고 또 할 수도 있습니다" 하면서 기장을 쳐버립니다. 칼을 꺼내서 기장의 넥타이도 잘라버리고 앞 의자도 난도질 해 버립니다. 이제 나는 어디로 가고 있습니까? 플로리다입니다.

왜 그렇습니까? 플로리다에 가는 것은 비행기 안에서 행동을 잘해서

가는 것이 아닙니다. 땅 위에 있는 비행기 안에서 행동을 잘해도 조종사가 없으면 오헤어 공항을 떠날 수 없습니다. 조종실에 있는 세 사람에게 "내가 여러분을 믿습니다"고 말함으로 플로리다에 갈 수 있는 것입니다.

천국에 가는 것은 우리가 선한 삶을 살아서 가는 것이 아닙니다. 우리가 천국에 가는 것은 우리가 "예수님, 나의 구주시여, 나를 조종하여 폭풍이 몰아치는 인생의 바다를 지나가게 해 주십시오. 내 앞에 닥쳐오는 알지 못하는 파도를 넘어가게 해주십시오. 내 영혼의 인도자가 되어 주십시오. 예수님, 당신이 나의 조종사이십니다. 나를 나의 갈 곳으로 데려 주시기를 당신께 의지하나이다" 함으로 되는 것입니다.

그것이 바로 덫에서 자유롭게 되는 길입니다.

chapter 18

단순한 구원

18. 단순한 구원

(해몬드 제일침례교회에서 한 설교)

"... 말씀이 네게 가까워 네 입에 있으며 네 마음에 있다 하였으니 곧 우리가 전파하는 믿음의 말씀이라."(로마서 10:8)

그리스도인이 되는 것은 얼마나 쉬운지 모릅니다. 때때로 사람들은 "잭 하일스 목사님, 목사님은 구원을 너무 쉬운 것으로 이야기합니다"라고 말합니다.

그러면 나는 언제나 같은 말로 대답합니다. "내가 그것을 쉬운 것으로 이야기하는 것이 아닙니다. 하나님께서 그것을 쉬운 것으로 만들어 놓으셨습니다. 나는 단지 하나님께서 해 놓으신 것을 전할 뿐입니다." 최근에 어느 가정에서 내가 이런 말을 한 적이 있습니다. 만일 내 딸 베키가 집을 나갔는데 내가 그 아이가 집에 돌아오기를 원하고 있다고 합시다. 그 아이에게는 집에 돌아오는 것만큼 쉬운 것이 세상에 없습니다. 그 아이가 할 일은 내게 와서 "아빠, 집에 돌아오고 싶어요" 하면 되는 것입니다. 그러면 언제나 나와 같이 집에 있을 수 있는 것입니다. 그 아이가 원하는 것 이상으로 나도 그 아이가 집에 오기를 원할 것입니다. 그렇기 때문에 당연히 나는 그 아이가 할 수 있는 대로 쉽게 집으로 돌아올 수 있도록 할 것입니다.

우리 가운데 누가 자녀들 중 하나를 잃었다고 한다면 할 수 있는 대로 쉽게 그 아이가 돌아올 수 있도록 하려고 할 것입니다. 우리가 그 아이를 찾아 이곳저곳을 다니겠지요. 우리가 그 일을 주도할 것입니다. 그 아이가 집에 돌아오기를 원하여 그 아이보다는 우리가 더 애타 할 것입니다.

하늘에 계신 우리 아버지도 마찬가지입니다. 친구 여러분, 구원은 어려운 것이 아닙니다. 그것은 단순한 것입니다. 구원은 장애물 경주와 같은 것이 아니며 언젠가 심판 날이 왔을 때 우리가 그곳에 서 있게 되기를 희망하는 것이 아닙니다. 하나님께서는 구원을 아주 단순하게 만드셔서 옳고 그른 것을 가릴 줄 아는 가장 조그만 아이라도 그것을 받아 구원에 이를 수 있게 하셨습니다. 하나님은 구원을 자신이 죄인인 것을 알며 그리스도를 구주로 믿고 영접하면 된다는 것을 이해하는 사람이면 누구나 받을 수 있도록 단순하게 해 놓으셨습니다.

구원을 위해 하나님이 하신 일은 크고 위대한 것입니다.

구원은 큰 일입니다. 결코 작은 것이 아닙니다. 그것이 큰 일임을 생각할 때 사람들은 그것을 어려운 것으로 만들려 합니다. 그러나 우리가 기억해야 할 것은 구원의 큰 일은 다 하나님의 일이지 우리의 일이 아니라는 것입니다. 구원의 웅장함, 그것을 위한 모든 수고, 그것을 위한 모든 사역, 그것에 얽힌 모든 복잡함, 모든 신학과 모든 깊은 교리, 그리고 구원을 받는 것의 모든 원리는 하나님이 하시는 일입니다. 우리의 할 일은 매우 단순합니다.

구원은 큰 일입니다. 사람은 에덴동산에서 죄를 범했습니다. 하나님이 남자를 지으셨고 하나님이 여자를 지으셨습니다. 하나님은 그들을 에덴에 두시고 말씀하셨습니다. "동산 모든 나무의 실과는 네가 임의로 먹되 선악을 알게 하는 나무의 실과는 먹지 말라."

사단이 거짓말로 하와를 시험하여 유혹했을 때 사람은 그 금지된 열매를 먹어 버렸습니다. 하와는 아담에게 와서 자기가 그 열매를 먹은 것과 그것이 사람을 지혜롭게 해주고 보기에도 좋고 먹기에 좋은 것이며 그것이 선과 악에 대한 그녀의 눈을 열어주었다고 말했습니다. 사람이 범죄했습니다. 사람은 하나님과의 교제를 위해 하나님의 형상을 따라 지음을 받았습니다. 사람이 하나님을 떠났을 때 하나님은 사람을 구원하실 계획을 세우셨습니다. 그런데 그 구원의 계획을 수립하는 것은 단순한 것이 아니었습니다. 영원(永遠)을 뒤흔드는 것이었습니다. 그 계획을 수립하는 것(making of that plan)은 크고 장엄하였지만 그 계획을 받는 것(receiving of that plan)은 물을 마시는 것처럼 간단하였습니다.

하나님이 즉각 말씀하셨습니다. "내가 한 계획을 세워야겠다." 아담과 하와가 범죄했을 때 그래서 죄가 인류에 들어오고 사람은 하나님을 떠나게 되었을 때 하나님은 즉시로 한 계획을 마련하기 시작하신 것입니다. 하나님의 아들이신 예수 그리스도께서 말씀하셨습니다. "아버지여, 내가 땅으로 가서 사람이 되겠습니다. 기꺼이 육신을 입겠습니다. 죄 없는 삶, 완전한 삶을 살겠습니다. 내가 갈보리로 가겠습니다. 내가 나의 영혼을 지옥(음부)에 담그겠습니다. 내가 사람을 위해 죄가 되겠습니다. 사람이 나를 영접하기만 하면 그는 구원을 받도록 하겠습니다." 그때 하나님은 여자의 후손이 올 것과 여자의 후손이 뱀의 머리를 상하게 할 것을 약속하셨습니다(창세기 3:15의 이 약속은 성경에 기록된 메시아에 관한 첫 기록이다. 모든 사람은 남자 곧 아담의 후손이지만 여자의 후손, 다시 말하면, 남자가 없이 여자에게서 날 자가 자기도 상처를 입지만 하나님과 사람의 원수인 뱀, 곧 마귀를 이기고 우리를 구원할 것을 약속하셨다-역자 주). 사천 년이 지난 후에 예수 그리스도께서 베들레헴의 구유로 오셨습니다.

그때 사단은 구세주가 오시는 것을 막으려고 일하기 시작했습니다. 즉시로 그는 구원의 계획을 막으려 하기 시작한 것입니다. 아담과 하와에게 한 아들이 있었는데 그 이름이 가인이었습니다. 또 다른 아들이 있었는데 그의 이름은 아벨이었습니다. 그는 약속된 메시아의 계통이었는데 가인이 그를 죽여버렸습니다. 하나님은 다른 아들을 주셨고 그의 이름은 셋이었습니다. 셋의 때부터 예수 그리스도가 베들레헴에서 태어나시기까지 사단은 할 수 있는 모든 방법을 다하여 구세주의 오심을 막으려 했습니다.

드디어 예수님의 오심이 선포되자 사단은 요셉으로 하여금 마리아를 버리게 하려고 했습니다. 그렇게 되면 마리아는 돌에 맞아 죽을 것이며 메시아는 태어나지 못할 것이었습니다. 결국은 메시아가 왔지만 태어날 장소가 없었습니다. 왜냐하면 사단이 모든 호텔이나 여관에 메시아를 받을 장소가 없도록 했기 때문입니다. 그래서 구세주는 베들레헴의 마구간에서 나신 것입니다.

그때 사단은 즉각 헤롯을 시켜 베들레헴에 사는 두 살 아래의 모든 사내 아이들을 죽이게 함으로 구원의 계획을 저지시키려 했습니다. 우리는 천사가 꿈에 요셉에게 나타나 "애굽으로 도망하라"고 일러준 것을 기억하고 있습니다. 다시 한번 하나님의 구원을 저지시키려는 사단의 기도를 좌절시키셨습니다.

사단은 여기서 포기하지 않았습니다. 한 번은 그가 예수님을 산으로 데려가 광야에서 세 번이나 유혹을 했습니다. 만일 예수께서 범죄하면 그가 자신의 죄를 위해 고난을 받아야 하고 우리의 죄를 위해서는 대신 고난받지 못하게 될 것을 알았기 때문에 어떻게 해서든지 죄가 예수 그리스도의 삶에 들어가게 하려 했던 것입니다. 그렇지만 예수께서는 "사단아, 내 뒤로 물러가라"고 하시며 성령의 검을 취하여 세 번이나 하나님의 말씀으로 사단을 무찔러 버리셨습니다. 예수께서 유혹에 넘어가지 않으신 것입니다.

사단은 그래도 중단하지 않았습니다. 우리는 예수께서 십자가에 달리셨을 때 사람들이 그에게 와서 그를 쳐다보며 "네가 하나님의 아들이면 거기서 내려오라"고 뱀의 혓소리를 한 것을 알고 있습니다. 사단은 예수께서 거기서 내려오시면 구원의 계획이 무산될 것을 잘 알고 있었습니다. 그러나 예수께서는 내려오시지 않으셨습니다.

그렇다고 사단이 손을 놓은 것이 아닙니다. 예수께서는 빌린 무덤에 들어가셨습니다. 아리마대 사람 요셉과 니고데모가 와서 예수의 시신을 받아서 예루살렘 변경에 있는 남의 무덤 안에 두었습니다. 성경은 로마의 군병들이 그의 무덤을 경비하며 그가 거기서 나오지 못하도록 지키게 했다고 말씀합니다. 하나님께 감사합니다. 다시 한번 그 부활주일 아침에 예수께서 승리의 부활을 하셨습니다. 이제 복음이 다 이루어졌습니다. 그리스도, 우리의 완전한 양께서 희생이 되셨습니다. 장사되셨습니다. 제 삼일에 다시 살아나셨습니다. 이제 우리는 복음을 가지게 되었습니다.

그것은 확실히 복잡한 것입니다. 사람이 구원을 받으면 그는 구속을 받게 됩니다. 그의 모든 죄가 용서됩니다. 그의 과거는 잊은 바가 됩니다. 하나님의 후사가 되고 그리스도와 함께 하는 후사가 됩니다. 사랑하시는 아들 안에서 거룩하게 됩니다. 하나님의 진노에 관한 한 의롭다 함을 얻게 됩니다. 지옥에서 구원을 받았고 영원토록 천국에서 하나님이 마련해 두신 도성의 축복을 누리며 살 것입니다.

복잡한 것이지요. 위대한 것입니다. 엄청난 것입니다. 놀라운 것이구요. 다 이해하기가 어려운 것입니다. 정말로 그렇습니다. 그렇지만 이 복음의 모든 복잡한 일은 하나님의 일이지 사람의 일이 아닙니다. 하나님이 구원이라는 큰 잔칫상을 준비하셨습니다. 예수 그리스도가 생명의 떡입니다. 그가 생명수입니다. 그가 말씀의 진찬(meat-고기, 고전 3:2-역자 주)이십니다. 그가 말씀의 젖입니다. 예수 그리스도가 큰 잔칫상입니다. 구원은 다 준비되었습니다. 이제 하나님은 "오라, 모든 것이 다 준비되었노라" 하시는 것입니다.

사람은 구원받는 것을 복잡하게 만들려 합니다.

구원을 받는 것은 매우 간단한 일입니다. 물론 하나님께는 복잡한 일이었지요. 그렇지만 사람에게는 너무나 단순한 일입니다. 구원을 받는 것이 얼마나 단순한 것인지 보여드리겠습니다. 사람은 그것을 복잡하게 만들려고 합니다. 하나님께서는 "오라" 하십니다. 아담과 하와에게 하신 말씀이 "오라"는 말씀이 전부였지 않습니까? 계시록 22:17에서 하나님이 말씀하시는 것도 그것이 전부이지 않습니까? "성령과 신부가 말씀하시기를 오라 하시도다. 듣는 자도 오라 할 것이요 목마른 자도 올 것이요 또 원하는 자는 값없이 생명수를 받으라 하시더라."

누가복음 14장에는 한 사람이 큰 잔치(구원의 그림입니다)를 준비하고 잔치 시간에 종들을 내어 보내어 "오소서 모든 것이 준비되었나이다" 하게 한 이야기가 있습니다.

처음부터 나는 한 가지 사실을 분명히 해 두겠습니다. 우리가 주 예수 그리스도께로 나오는 것 말고는 구원을 받기 위해 아무 것도 할 수 없습니다. 오, 사단은 그것을 복잡하게 만들려고 얼마나 시도했는지! 사단은 구원을 그것 이상으로 만들려고 노력했습니다. 사람들이 저들의 행위를 구원에 더하려고 애썼습니다. 우리는 교회에 촛불을 켜려고 합니다. 어떤 조용한 배경음악을 더하려 합니다. 신앙고백이나 교리문답 같은 것을 하려 합니다. 구원을 받기 위해 우리가 무언가를 하기를 원하는 것이지요. 우리의 등이나 발끝으로 어떤 짜릿한 것을 느끼려 합니다. 복도를 데굴데굴 구르며 "이야! 할렐루야! 천사들의 날개 소리가 들린다"고 외치려고 합니다.

촛불 아래서 구원을 받을 수는 있지만 촛불로 구원을 받는 것은 아닙니다. 조용한 음악이 흘러나오는 가운데 구원을 받을 수는 있지만 조용한 음악은 우리가 구원받는 것과는 전혀 무관한 것입니다. 침례탕에서 구원을 받을 수 있겠지만 침례탕이 우리가 구원받는 것과 무슨 상관이 있는 것이 아닙니다. 교회에 가입하는 때에 구원을 받을 수 있겠지만 교회에 가입하는 것이 우리가 구원을 받는 것과 어떤 관계가 있는 것이 아닙니다. 구원을 받을 때 감격으로 크게 외칠 수 있겠지만 크게 외치는 것이 구원을 받는 것과 무슨 관계가 있는 것이 아닙니다. 구원을 받을 때, "이야"하고 외칠 수 있겠지만 "이야"하고 외치는 것이 우리가 구원받는 것과 무슨 관련이 있는 것이 아닙니다.

구원을 받는 길은 예수께 와서 그를 믿는 것입니다. 그것은 하나님께 마련해 두신 단순한 길입니다. 이제 구원의 단순함에 대해 우리에게 말해 주는 것이 세 가지가 있습니다.

1. 성경에 나온 구원의 경우들을 볼 때 외적 조건이나 감정은 사람에 따라 다른 것을 알 수 있습니다.

"아, 사도 바울을 말하는구나"하고 여러분이 생각하시겠지요. 우리는 사도 바울의 구원을 가지고 거창하게 말하려 합니다. 다메섹으로 가던 도중에 바울에게 한 빛이 비취었고 그는 땅에 엎어지고 말았습니다. 그리고 그는 소경이 되었습니다. 겁에 질린 한 바울이 말했습니다. "주여, 뉘시오니이까? 내가 무엇을 하리이까?"

우리는 "그렇다면 우리에게도 빛이 비취어야 하겠구나" 생각합니다. 아닙니다. 바울에게 비취었던 빛이 바울을 구원한 것이 아닙니다. 바울이 땅에 엎어진 것이 그를 구원한 것도 아닙니다. 바울이 소경이 된 것이 그를 구원한 것도 아닙니다. 그는 예수 그리스도를 구주로 영접할 때 구원을 받았습니다. 어떤 상황이 사람을 구원하는 것이 아닙니다. 우리가 의지적으로 "내가 그리스도께 나와야겠다"하고 말하며 주님께 나올 때 그리스도인이 되는 것입니다.

그러므로 이제 어떤 느낌을 기다리는 것을 중단하십시오. 구원받을 때 우리는 펄쩍 뛰지도 고함을 지르지도 않을 수 있습니다. 사람이 구원을 받을 때 구원을 받은 결과로 어떤 감정을 보이게 될지 나는 말할 수 없습니다. 그렇지만 분명한 것은 구원의 결과로 생긴 감정이 구원을 받게 한 것이 아닙니다. 구원은 한 사람이 자신이 죄인인 것과 그리스도께서 구세주이심을 깨닫고 믿음으로 그분께 나올 때 이루어집니다. 구원은 그렇게 이루어지는 것입니다.

하루는 마태가 세관에 앉아 있었습니다. 예수께서 그가 있는 곳에 들어오셨습니다. 마태는 모든 것을 다 버리고 예수님을 따랐습니다. 마태에게는 비취인 빛이 없었습니다. 마태는 땅에 엎드려지지도 않았습니다. 만약에 마태가 땅에 엎드려 "아이고! 할렐루야! 내가 구원받았다!" 하고 외치면서 아내나 이 사람 저 사람을 부둥켜안고 기뻐하면서 교회 복도를 뛰어다녔다 해도 그는 구원을 받았겠지만 이런 일을 했기 때문이 아니라 그리스도를 믿었기 때문인 것입니다.

성경은 우리에게 하루는 삭개오가 나무에 올라갔다고 말씀합니다. 예수께서 예루살렘에 가시는 길에 여리고를 지나가시는 길이었습니다. 삭개오는 예수님을 뵙고 싶었는데 그 길로 사람들의 큰 행렬이 지나고 있었고 또 그는 키가 작은 사람이어서 예수가 오시는 것을 볼 수가 없었습니다. 그래서 그는 나무에 올라가 내려 보고 있었던 것입니다. 예수께서 말씀하셨습니다. "삭개오야 급히 내려오라. 내가 오늘 네 집에 유하여야 하겠다. 오늘은 네 집에서 점심을 먹어야겠다." 예수께서 삭개오와 함께 그 집으로 가셔서 식탁에 같이 앉으셨습니다. 삭개오가 예수님을 믿게 되고 그것이 그의 구원이 되었습니다.

십자가에 달린 강도는 그저 "주여, 당신의 나라에 임하실 때 나를 생각해 주십시오"라고 예수께 말씀드렸을 뿐입니다. 에수님은 "네가 오늘 나와 함께 낙원에 있으리라" 하셨습니다.

누가복음 18장의 세리는 자기 가슴을 치면서 "하나님, 나를 불쌍히 여기소서. 나는 죄인이로소이다" 했습니다. 예수께서 말씀하시기를 "저가 의롭다 함을 받고 집으로 내려갔다" 하셨습니다.

사도행전 8장의 내시가 "보라, 물이 있으매 내가 침례를 받는데 무슨 거리낌이 있느뇨?" 하고 말했습니다. 빌립은 "네가 마음을 온전히 하여 (예수께서 하나님의 아들이신 것을) 믿으면 가하다"고 말했습니다. 그 내시는 "내가 예수 그리스도께서 하나님의 아들이심을 믿노라"고 고백했습니다. 그는 구원을 위하여 예수 그리스도를 그냥 믿기만 했습니다. 성경은 그들이 마차를 내려서 "빌립과 내시가 둘 다 물에 내려가 빌립이 침례를 주고 ... 내시는 흔연히(기뻐하면서) 길을 갔다"고 말씀합니다. 내시는 그리스도를 믿음으로 구원을 받았습니다.

삭개오가 그리스도를 믿음으로 구원을 받았습니다. 마태도 그리스도를 믿음으로 구원을 받았습니다. 요한도 그리스도를 믿음으로 구원을 받았습니다. 베드로도 그리스도를 믿음으로 구원을 받았습니다. 그들의 상황은 다 달랐습니다. 그들의 환경도 다 달랐을 것입니다. 그들을 믿게 한 동인도 다 달랐을 것입니다. 감정적 반응도 다 달랐을 것입니다. 분위기도 다 달랐을 것입니다. 그렇지만 구원은 오직 한 가지에 달려 있었습니다. 그것은 "오라, 모든 것이 준비되었다!" 하는 주님의 초청에 응하여 그냥 그리스도께 나오는 것입니다. 그것이 구원입니다.

2. 신약성경의 문체적 표현이 구원의 단순함을 보여줍니다.

성경에 나온 구원의 예들만이 구원의 단순함을 보여주는 것이 아닙니다. 이제 신약성경이 구원에 비유한 것들을 살펴봅시다. 성경에는 전체적으로 많은 문체적인 표현이 있습니다. 신약성경의 문체적 표현은 구원의 단순함을 잘 보여주고 있습니다. 우리 가운데 많은 사람들이 구원을 받으려 합니다. 그렇지만 척추에 빛이 통과하기를 기다리고 있습니다. 주사바늘이 피부에 들어오기를 기다립니다. 복도를 펄쩍펄쩍 뛰고 데굴데굴 구르기를 원합니다. 귀에서 무엇이 튀어나오고 머리에서 스프링이 튀기를 기다립니다. (위에서 말한 표현들은 오늘날 어떤 사람들이 격한 구원의 경험을 추구하는 것을 빗댄 말이다-역자 주) 하나님께서 말씀하신 적이 없는 어떤 것을 찾고 있는 것입니다.

우리가 구원을 받을 때 귀에서 스프링이 튀어나온다 해도 스프링이 튀어나왔기 때문에 구원을 받은 것이 아닙니다. 구원을 받을 때 큰 소리를 지를 수 있지만 그것이 구원하는 것이 아닙니다. 구원은 그리스도를 믿음으로 되는 것입니다.

이제 내 말을 들으십시오. 누구든지 자신이 죄인인 것을 알고 하나님 앞에서 심판받을 것을 알며 그리스도께서 죄인들을 위하여 십자가에서 고난 당하신 것을 알아서 단순히 하나님께 나와 "주님, 나의 죄를 용서해 주시고 나의 영혼을 구원해 주십시오" 하면 그는 구원을 받습니다.

큰 소리를 지를 수 있지만 그것이 구원하는 것이 아닙니다. 예를 들면 주일에 우리 교회에는 구원받기 위해 복도를 걸어 나오는 다양한 사람들을 볼 수 있습니다. 한 사람은 복도를 걸어 나와 "아, 나는 구원을 받고 싶습니다"하고 울음을 멈추지 않습니다. 지난 주일에는 한 부인이 구원을 받고 나니 마포로 강단 밑을 닦아야 할 정도였습니다. 다른 한 사람이 나오는데 얼굴에 큰 미소를 띄고 "구원받고 싶습니다" 합니다. 또 다른 사람이 나옵니다. 큰 슬픔을 안고 "내가 구원받고 싶습니다"고 말합니다. 또 한 사람은 정색을 하고 나와서 "구원받고 싶습니다"고 말합니다.

미소가 구원합니까? 아닙니다. 눈물이지요? 아니요. 슬픔입니까? 아닙니다. 중요한 것은 그들이 구원을 받고자 원한 사실입니다. 바로 그것입니다. 그들이 어떻게 행동했느냐가 아닙니다. 그들이 무엇을 했느냐 하는 것이지요. 믿음으로 그리스도께 "예"라고 했다면 그것이 문제를 해결하는 것입니다.

이제 신약성경의 비유들을 봅시다.

1) 신약성경은 구원받는 것을 사람이 문 안으로 들어오게 하는 것으로 비유합니다.

계시록 3:20에서 주님이 말씀합니다. "볼지어다. 내가 문밖에 서서 두드리노니 누구든지 내 음성을 듣고 문을 열면 내가 그에게로 들어가 그로 더불어 먹고 그는 나로 더불어 먹으리라." 오늘 이 자리에는 어제 내가 그들에게 그리스도를 증거하여 둘 다 구원을 받은 젊은이들이 둘 있습니다. 나는 그들에게 내가 자주 했던 것처럼 구원이 예수께서는 마음의 문을 두드리시는 것이고 우리가 문을 열고 그를 들어오시게 하는 것으로 설명을 해주었습니다. 문을 여는 것은 매우 간단한 일입니다. 만약 친구가 나를 보러 와서 벨을 울리거나 문들 두드린다면 내가 "아이고! 어서 오세요!"하고 야단법석을 떨까요? 나는 그렇게 하지 않습니다. 그것은 그냥 "들어오세요" 하면 되는 매우 단순한 일입니다. 그때 그가 들어오는 것입니다.

예수님은 구원이 그와 같다고 말씀합니다. 그는 우리의 삶 밖에 계십니다. 아직 구세주가 되지 못하신 것입니다. 우리는 그분 없이 살아왔습니다. 그분을 믿은 적이 없습니다. 이제 우리가 "예수님, 들어오십시오" 하면 됩니다. 하나님은 그것이 구원이라고 말씀하셨습니다.

2) 구원받는 것은 마치 물을 마시는 것과 같습니다.

요한복음 4:14에서 예수께서 말씀하셨습니다. "내가 주는 물을 먹는 자는 영원히 목마르지 아니하리니 나의 주는 물은 그 속에서 영생하도록 솟아나는 샘물이 되리라." 계시록 22:17, "성령과 신부가 말씀하시기를 오라 하시도다. 듣는 자도 오라 할 것이요 목마른 자도 올 것이요 또 원하는 자는 값없이 생명수를 받으라 하시더라." 물을 마시는 것은 매우 간단한 일입니다. 어떤 사람들은 너무 목이 말라서 물을 마신 다음에 "휴우-" 소리를 냅니다. 어떤 사람은 "아아-"하지요. 어떤 사람들은 그냥 넘겨버리고 맙니다. 누가 물을 가장 많이 마셨나요? 물을 마신 느낌이 어떠

하냐 하는 것은 전혀 상관이 없는 일입니다. 예수님은 구원을 받는 것은 물을 마시는 것과 같다고 하셨습니다. 목이 마르십니까? 자신이 잃어버린 죄인인 것을 아십니까? 자신에게 그리스도가 필요하신 것을 알고 계십니까? 그가 바로 물이십니다. 마시세요. 그러면 그분이 들어오십니다. 구원은 바로 그와 같은 것입니다.

3) 구원을 받는 것은 선물을 받는 것과 같습니다.

로마서 6:23, "죄의 삯은 사망이요 하나님의 은사(gift, 선물)는 그리스도 예수 우리 주 안에 있는 영생이니라." 에베소서 2:8, "너희가 그 은혜를 인하여 믿음으로 말미암아 구원을 얻었나니 이것이 너희에게서 난 것이 아니요 하나님의 선물이라. 행위에서 난 것이 아니니 이는 누구든지 자랑치 못하게 함이니라." 내가 한 사람에게 선물을 합니다. 그리고 그가 그것을 받습니다. 이제 그것은 그의 것입니까? 당연하지요. 만일 그가 기분이 좋지 않으면 어떻습니까? 그래도 그 선물은 그의 것입니다. 그가 소리를 지르지 않으면요? 그래도 그의 것입니다. 그가 울지 않으면요? 그래도 그것은 그의 것입니다. 선물을 받는 것은 매우 단순합니다. 우리가 해야 할 일은 손을 내밀어 그것을 받고 그것이 내 것이라는 것을 믿는 것뿐입니다.

구원이 그런 것이라고 성경은 말씀합니다. 예수님은 하나님의 "측량할 수 없는 선물"이십니다. 영원한 생명은 하나님이 사람에게 주시는 선물입니다. 누구든지 "내가 그 선물을 받고 싶습니다"고 말하는 사람은 간단하게 하나님의 그 선물을 받을 수 있습니다.

4) 구원을 받는 것은 문으로 들어가는 것과 같습니다.

요한복음 10:9에서 예수님은 "내가 문이니"라고 말씀하셨습니다. 그리고 요한복음 14:6에서 "내가 곧 길이요 진리요 생명이니"라고 하셨습니다. 문으로 들어가는 것은 매우 복잡한 일이지요? 아닙니다. 예배를 마치면 나는 거의 항상 저기 있는 문으로 나갑니다. 내가 그곳에 걸어가 큰 소리를 지르지 않을 것입니다. 울거나 외치지도 않을 것입니다. 크게 웃을 것 같지도 않습니다. 그렇지만 그 문으로 들어갈 것입니다.

예수님은 한쪽은 영원한 생명이 있고 한쪽은 영원한 죽음이 있다고 하셨습니다. 차이는 문에 있습니다. 이 교회당에 오늘 모여 있는 사람들 중 자신이 구원을 받지 못한 것을 깨달으며 그리스도께서 영생을 주실 수 있는 것을 알고 "주님 내가 당신을 영접하여 문 되신 예수님을 통해 구원에 이르려 하나이다"고 말씀을 드리는 사람은 하나님이 그를 자녀로 삼으실 것입니다.

5) 구원을 집에 오는 것에 비유하였습니다.

이것은 매우 흥미있습니다. 누가복음 15장에서 한 아들이 아버지를 떠나 먼 나라에 가기로 결심을 합니다. 그는 자기 모든 소유를 다 챙겨서 먼 나라에 갑니다. 문제에 빠집니다. 직장을 찾습니다. 직장을 얻지 못합니다. 돼지우리에서 돼지를 치는 일을 합니다. 결국 그는 돼지도 먹지 않는 쥐엄 열매로 배를 채우려 합니다(저자는 이것을 옥수수 겉껍질이라고 말한다-역자 주). 그러다가 결국에 그는 말했습니다. "우리 집의 종들도 이것보다는 잘 먹지 않는가, 우리 집의 종들은 많은 빵에 감자 그리고 고기에 콩을 먹는데 나는 여기서 옥수수 겉껍질을 먹고 있구나. 내가 일어나 아버지께 가야겠다.” 그가 아버지께 돌아왔습니다. 아버지께서 그를 받아 주셨습니다.

구원은 집으로 돌아오는 것과 같습니다. 여러분 가운데 아버지를 뵈러 집으로 가는 일이 있는 분이 얼마나 됩니까?

한 가족이 재회를 한다고 합시다. 여기에 몇 자녀들이 집으로 돌아옵니다. 한 아들이 눈물을 흘리며 말합니다. “아, 집에 오니 참 좋다.” 다른 아들이 말합니다. “야, 집에 오니 정말 좋은데!” 또 다른 아들이 매우 진지하게 말합니다. “형, 집에 오니 진짜 좋습니다.” 다른 아들은, “어머니, 안녕하세요. 어떻게 지내셨어요?” 하고 인사합니다. 누가 집에 제일 가까이 있습니까? 울든지 소리를 지르든지 웃든지 기분이 좋든지 한숨을 쉬든지 상관이 없습니다. 모두 다 집에 있습니다! 주님은 구원이 집에 오면서 우는 사람 혹은 소리 지르는 사람과 같다고 말씀하지 않으셨습니다. 그것은 집에 오는 것과 같은 것입니다.

어쩌면 당신이 하나님을 떠나 길을 잃고 있는 사람일지 모르겠군요. 하나님을 멀리 떠나 계시지 않습니까? 예수 그리스도께서 구원이십니다. “주님, 내가 집에 돌아옵니다”라고 말씀을 드리기만 하면 됩니다.

> “나 주를 멀리 떠났다 이제 옵니다.
> 나 죄의 길에 시달려 이제 옵니다.”

6) 구원을 받는 것은 청혼에 “예”하고 대답하는 것과 같습니다.

결혼하신 부인들 가운데 청혼을 받고 “예”하고 대답한 그 순간을 똑똑히 기억하고 있는 분들이 얼마나 됩니까? 그가 “나와 결혼해 주시겠어요?" 하던 그것을 기억하고 계십니까? 청혼은 매우 복잡했지요? "나와 결혼해 주시겠어요?"라고 남편이 말했을 때 울어버린 사람은 몇이나 되십니까? "예"라고 할 때 웃은 사람은 얼마나 되십니까? 속으로는 기뻤으면서 겉으로는 감정을 별로 보이지 않았던 사람은 얼마나 됩니까?

이제 내가 청혼을 합니다. 무릎을 꿇고 내가 말합니다. "베벌리, 나를 세상에서 제일 행복한 남자로 만들어 주지 않겠소? 나의 아내가 되어 주시겠소?"

아내가 말합니다. "아, 기뻐라! 네, 그렇게 할게요." 나의 청혼에 "예"라고 대답했습니다. 그렇지만 그녀는 이렇게 대답할 수도 있겠지요. "오, (흐느끼며) 예!" 어떻게 대답하든지 마찬가지입니다. 아니면 "음~흠" 할 수도 있겠지요. 뭐라고 얘기하든 그녀는 같은 말을 하는 것입니다.

여러분 중에 어떤 사람은 다른 모든 사람이 하는 식으로 결혼을 하려 합니다. 어떻게 반응하느냐가 중요한 것이 아닙니다. 중요한 것은 반응했다는 것입니다. 예수께서 말씀하십니다. "나와 결혼해 주겠니? 내게로 와 주겠니? 나를 신뢰하겠니?" 만일 당신이 "예"라고 대답하면 당신은 구원을 받습니다. "아니오"라고 대답하면 잃어버림을 당합니다. 어떻게 반응을 하느냐 하는 것은 영원한 구원의 문제와 관계가 없습니다. 예수님은 구원을 청혼에 비유하셨습니다.

7) 예수님은 구원받는 것을 초청을 받아들이는 것에 비유하셨습니다.

예수님은 "큰 잔치를 벌여 놓고 많은 사람을 초청한" 한 사람의 비유를 하신 적이 있습니다. 예수님은 "수고하고 무거운 짐진 자들아 다 내게로 오라 내가 너희를 쉬게 하리라"(마태 11:28)고 말씀하셨습니다.

내가 한 친구를 초청합니다. "우리 집에 와서 함께 식사할래요?" 만약 그가 한 일주일 식사를 하지 못했다면 "정말입니까? 물론이죠, 가고 말고요!" 할 것입니다. 그가 배가 잔뜩 불러서 오늘은 더 이상 먹을 마음이 없다고 합시다. 그러면 그는 "그래요? 가지요 뭐"하고 말할 것입니다. 우리가 구운 스테이크를 먹을 것이라면 "야아, 가겠습니다!" 하겠지요. 우리가 한 일 년쯤 서로 이야기를 못하고 지냈기 때문에 그가 우리 집에 올 수 있기를 기다리고 있었다면 그는 "그러믄요, 꼭 갈게요"라고 대답할 것입니다.

이제 여러분에게 묻겠습니다. 그가 대답을 어떻게 하느냐에 따라 초청에 차이가 있습니까? 조금도 그렇지 않습니다. 대답을 어떻게 했느냐는 문제가 되지 않습니다. 그가 초청을 받아들인 것을 의미할 뿐입니다.

하나님께서 말씀하십니다. "내가 큰 잔치를 준비하였노라. 내가 구원을 준비하였도다. 그것은 선물인데 너희는 오지 않겠는가? 와서 구원을 받으라."

어떤 사람이 눈물을 흘리며 말합니다. "가고 말고요. 내가 죄에 깊이 빠져 있으니 나는 주께 가겠습니다."

어떤 사람은 매우 진지하게 말합니다. "예, 주님이 나에게 필요합니다. 내가 주께 가나이다."

어떤 사람은 기뻐하면서 말합니다. "잔치라고요? 가겠습니다!"

어떤 사람은 소리치면서 말합니다. "이야!"

어떤 식으로 반응을 보이든 반응 때문에 음식을 더 받는 것이 아닙니다. 우리가 잔치에 참석하게 만드는 것은 그 초청에 "예" 하고 대답하는 것입니다.

어떤 이들은 촛불을 들고 끌리는 긴 옷을 입고 복도를 걸어 나오며 "주님, 내가 여기 갑니다"라고 하려 합니다. 어떤 이들은 껑충껑충 뛰면서 "주님, 내가 갑니다" 하려 합니다. 어떤 이들은 눈물을 흘리며 "내가 가나이다" 합니다. 어떤 식으로 나오든지 관계가 없습니다. 구원을 위해 촛불이나 뛰는 것이나 눈물이나 기쁨이나 감정 등을 의지하지만 않는다면 말입니다. 영원한 하나님의 말씀과 그가 하신 말씀을 믿는 한 우리는 구원을 받습니다. 오, 사람들이 이것을 이해한다면 얼마나 감사할지……. 하나님은 그냥 "오라!"고만 하셨습니다. 주 예수 그리스도께 나오기만 하면 구원을 받는데 사람들은 종교를 만들려 하고 사소한 것들에만 집착하려 하고 덜 중요한 것들을 크게 만들려 하고 간접적인 것들이 신경을 쓰려 합니다.

8) 주님은 구원을 목욕하는 것에 비유하셨습니다.

디도서 3:5에서 주님이 말씀하셨습니다. "우리의 행한 바 의로운 행위로 말미암지 아니하고 중생의 씻음과 … 하셨나니." 요한복음 13장에서 예수께서는 "이미 목욕을 한 자는 발밖에 씻을 필요가 없느니라" 하셨습니다. 구원은 목욕하는 것에 비유되었습니다. 그리고 우리를 목욕시키시는 분, 곧 우리를 깨끗케 하시는 분은 예수님이십니다.

많은 분들이 필요가 있든 없든 간에 일 주에 한번은 목욕을 합니다. 목욕을 하는 것이 뭐 그리 대단한 일이 못됩니다. 때때로 나는 더위에 시달리던 일이 있었습니다. 섭씨 43도를 오르내리는 텍사스의 혹서 말입니다. 어느 날 섭씨 45도나 되는 뜨거운 날 하루 종일 나무로 마루를 놓는 일을 했습니다. 거의 녹초가 되어서 집으로 돌아와 아내에게 말했습니다. “여보, 찬물로 목욕을 해야겠소.” 찬물을 받았습니다. 그리고는 내가 뛰어들었습니다. “휘유!” 때로 나는 목욕을 빨리 끝내야 할 때도 있습니다. 그래서 금방 들어갔다 금방 나옵니다. 그렇지만 마찬가지로 깨끗할 수 있습니다. “휘유”하든지 말든지 상관이 없습니다. “휘유” 하고 싶으면 그렇게 할 수 있지만 목욕을 하는데 필요한 것은 아닙니다. 목욕을 하는 것은 간단한 일입니다. 우리는 우리가 더러운 것을 압니다. 예수께서 비누를 가지고 계십니다. 우리는 들어가고 주님이 씻겨 주십니다. 욕조의 모습이 다를 수 있겠지요. 기분이 다를 수 있을 것입니다. 겉모습도 다를 수 있지요. 그러나 목욕한 것은 마찬가지입니다. 들어가서 목욕을 하는 것입니다. 예수님은 구원이 그와 같다고 하셨습니다. 그는 “중생의 씻음”을 위하여 나오는 모든 사람을 깨끗하게 해주십니다.

어떤 사람들은 매우 더럽습니다. 죄에 깊이 빠져 살았습니다. 그래서 구원으로 뛰어들 때 깨끗해진 것을 알고는 “아이고! 내가 깨끗하게 되었다!”고 외칠 수 있습니다. 어떤 사람은 시종 눈물을 흘리며 “내가 그렇게 더러웠는데 이제 이토록 깨끗하게 되었으니 참으로 좋구나” 할 수도 있습니다. 어떤 사람은 “구원을 받아서 기쁘다” 할 수 있고 어떤 이는 “예, 그리스도인이 되는 것은 좋은 것입니다” 할 수도 있지요. 이 모든 것은 당신이 얼마나 더러웠느냐에 달려 있습니다. 날씨가 얼마나 더웠느냐에 달려 있는 것이지요. 목욕이 얼마나 필요했느냐에 따라 다를 수 있지만 구원은 아이고나, 휘유, 또는 기쁨이나 감격, 그리고 눈물에 달린 것이 아닙니다. 그것은 욕조에 들어가 목욕을 하는 것입니다.

9) 구원은 돈을 은행에 맡기는 것과 같습니다.

디모데후서 1:12하, "나의 의뢰한 자를 내가 알고 또한 나의 의탁한(맡긴) 것을 그날까지 그가 능히 지키실 줄을 확신함이라." 우리가 돈을 은행에 맡깁니다. 두 사람이 은행에 가서 100불씩 예금을 했습니다. 한 사람이 말합니다. "이야! 이야! 내가 100불을 저축했다!" 다른 사람이 가만히 말합니다. "나도." 어느 사람이 100불을 저축했나요? 둘 다 했습니다. 그렇다면 그 돈에 관해 얼마나 기뻐하든지 상관이 없다는 말입니까? 바로 그렇습니다. 은행원에게 소리를 쳤든지 은행원을 보고 눈물을 흘렸든지 그를 때려 버렸든지 그런 것에 문제가 되지 않습니다. 문제는 은행원에게 돈을 맡겼는가 하는 것이지요.

많은 사람이 말합니다. "내가 구원을 받을 때 큰 소리 외치면서 전신에 그렇게 느꼈으니 내가 구원을 받은 줄로 압니다." 그것이 우리가 구원을 받았다는 말이 아닙니다. 우리가 구원을 받은 것은 우리의 영혼을 예수의 손에 맡겼기 때문입니다. "그 일이 있었을 때 내가 거기 있었으니 내가 아는 것이 당연하지요"라고 말합니다. 그럴듯한 말입니다만 그 일이 일어날 때 우리가 거기에 있었기 때문에 구원을 받은 것이 아닙니다. 우리가 구원을 받는 것은 예수님을 의뢰하기 때문입니다. 갈보리에 "예"라고 말하고 "예수님의 지키심에 나의 영혼을 맡깁니다"라고 말씀을 드렸기 때문에 구원을 받은 것입니다.

10) 구원을 받는 것은 식사하는 것과 같습니다.

성경은 말씀합니다. "오라, 모든 것이 준비되었노라." 우리가 집에 가면 한 아이가 엄마에게 말할 것입니다. "엄마, 저녁 준비 다 되었어요?" "그래, 얘야." 우리 아들 데이브가 한걸음에 테이블로 달려옵니다. 식탁에 앉기가 바쁘게 "아유, 엄마! 아유, 그레이비(Gravy, 음식에 올려서 먹는 진한 고기 수프-역자 주)가 있군요!" 내가 들어와서 그것을 보고 말합니다. "또 그레이비로구나." 우리는 같은 그레이비를 먹습니다. 차이가 없습니다. 똑같은 것이지요.

베키는 "아이고 맛있다!" 합니다.

데이브는 "맛이 참 좋다!" 합니다.

나는 "배가 너무 고프니 얼른 먹어야겠다" 합니다. 그렇지만 같은 음식을 먹는 것은 변함이 없습니다. 어떻게 먹느냐 하는 것은 문제가 되지 않습니다. 어떤 사람은 마시는데 어떤 사람은 숟가락으로 떠먹겠지요. 어떤 사람은 빨대로 빨아 먹을 수 있는데 어떤 사람은 포크로 먹을 수도 있습니다. 토스트에 올려서 먹을 사람도 있고 비스켓에 올려 먹을 사람도 있을 것입니다. 그렇지만 다 같은 그레이비입니다. 내가 드리려는 말씀은 구원을 받을 때 무슨 일이 있었느냐 하는 것은 중요하지 않다는 것입니다. 그것은 예수를 내가 의뢰하고 있는지, 그분이 나를 구원해 주셨는지 하는 것입니다.

3. 구약성경의 모형이 구원받는 것의 단순함을 보여줍니다.

성경의 구원의 예들이나 신약성경의 비유들뿐만 아니라 구약성경의 모형 또한 우리에게 이것을 보여줍니다.

하나님이 가죽옷을 아담과 하와에게 주셨을 때 그들은 무엇을 했습니까? 그들은 받아서 입었습니다.

민수기에서 읽을 수 있는 것처럼 장대에 놋뱀이 달렸습니다. 뱀에 물린 사람들이 바라보기만 하면 구원을 얻었습니다.

노아 시대에 방주가 건조되었습니다. 그들이 해야 했던 일은요? 방주 안으로 들어가는 것이었습니다. 그것뿐이었습니다. 안으로 들어가면 되었습니다.

어린 양이 죽임을 당했습니다. 유대인이 해야 했던 일은요? 그의 손을 그 어린 양의 머리에 얹는 것뿐이었습니다.

구약성경의 모형은 구원받기 위해 우리가 할 일이 얼마다 단순한지 보여주고 있습니다. 분명히 우리가 그리스도께 나올 때 우리의 죄가 용서됩니다. 우리는 새로운 피조물이 됩니다. 성령께서 우리 안에 들어오셔서 사시게 됩니다. 하나님의 자녀가 되고 천국에 가게 되는 것입니다. 크고 놀라운 일입니다. 참으로 그렇습니다. 엄청난 축복입니다. 그렇지만 이 큰일의 전부를 하나님이 다 하셨습니다. 우리가 할 일은 믿음으로 그것을 받는 것뿐입니다.

최근에 심방 시간에 여기 지금 앉아 계신 어떤 부인의 집을 방문하였습니다. 우리가 무릎을 꿇고 기도할 때 그 부인이 말했습니다. "예, 내가 그렇게 해야 할 줄 압니다. 그렇게 해야 하는 줄을 내가 압니다."

내가 말했습니다. "그렇게 하시겠습니까?"

그녀는 "예, 그렇게 하겠습니다" 했습니다. 우리가 무릎을 꿇고 기도했습니다. 마음에 어떤 감격이 있었지만 목소리는 차분했다고 생각합니다. "사랑하시는 주님, 나의 죄를 회개하나이다. 나를 용서해 주십시오. 이제 주님을 나의 구주로 영접하나이다." 그녀가 그리스도를 영접했습니다.

그 집을 나와서 그 길을 조금 더 내려갔습니다. 거기서 오늘 아침 이 자리에 앉아 있는 두 젊은이를 만났습니다. 그들에게 구원에 대해 설명을 해주었습니다. 한 소녀는 나를 쳐다보려고 하지도 않았습니다. 줄곧 아래만 보고 있었습니다. 그녀에게 구원을 받고 더 이상 지옥에 갈 것을 염려하지 않을 수 있는 길을 말해 주었습니다. 마침내 그녀가 기도했습니다. 그리고 나서 내가 물었습니다. "이제 구원을 받았나요?"

"네" 하고 그녀가 말했습니다.

결정을 주저하던 다른 소녀가 그때 가만히 마음을 예수님께 돌이켜 구원을 받았습니다.

한 소녀는 기뻐했습니다. 구원받은 즉시 즐거워했습니다. 그렇지만 그들은 둘 다 예수를 믿은 거의 같은 순간에 구원을 받았습니다.

그리스도를 믿는 것은 간단한 일입니다. 우리가 문을 열면 그는 들어오십니다. 구원은 선물처럼 받기만 하면 되는 것입니다. 주님의 친밀한 초청을 받아들이기만 하면 됩니다. 예수께서 말씀하셨습니다. "내게 오는 자는 내가 결코 내어 쫓지 아니하리라"(요한 6:37). 만약 그대가 구원을 받을 필요가 있는 잃어버린 죄인인 것을 깨달으셨다면, 죄에 지쳤고 용서를 받기 원하신다면, 여기서 나는 그대에게 마음으로 예수님께 "예" 하고 말씀드리시기를 간청합니다. 그분께 그대의 죄 문제를 드리십시오. 그분이 약속하신 대로 구원해 주시기를 의뢰하십시오. 오늘 그대가 그렇게 하지 않으시렵니까?

날마다 새로운 구원

(원제 : 구원은 구원받는 것 이상이다)
Salvation is More than Being Saved

초판발행 | 2024년 3월 15일
저　　자 | 잭 하일스
역　　자 | 박희원
발 행 처 | 글로벌침례교출판사
출판등록 | 제 319-2013-38호
주　　소 | 세종특별자치시 금남면 용포2길 43
전　　화 | (010) 5627-7114

계좌번호 | 우리은행 1005-803-642769
Park Benjamin Heewon (글로벌침례교출판사)

◎ ISBN 979-11-950837-8-7
◎ 정가 : 15,000원
◎ 파본은 바꾸어 드립니다.